本书封面图片选自崔自默著《艺术沉思录》中绘图。

九尾狐

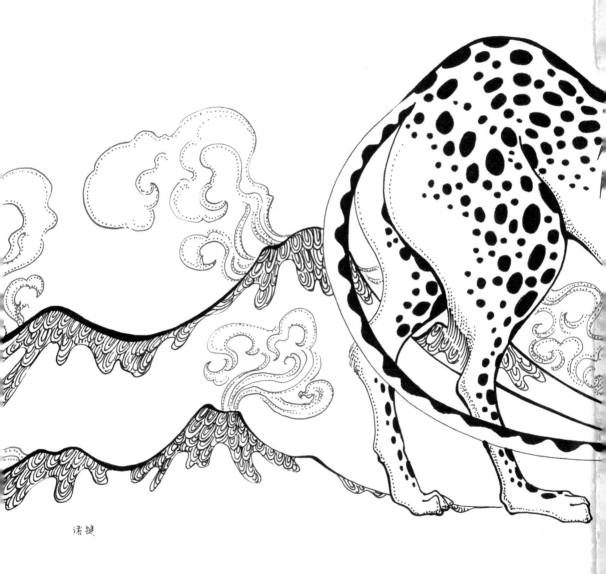

诸犍

精卫填海

吉神泰逢

以上插画均选自《山海经》
（陈丝雨 绘；孙见坤 注）。

译·注·精解

孙见坤 译注

山海经全本

清华大学
北京
出版社

图书在版编目(CIP)数据

山海经 全本：译·注·精解 / 孙见坤译注. — 北京：清华大学出版社，2017（2018.5重印）

ISBN 978-7-302-45506-6

Ⅰ．①山…　Ⅱ．①孙…　Ⅲ．①历史地理－中国－古代 ②《山海经》－译文
③《山海经》－注释　Ⅳ．①K928.631

中国版本图书馆 CIP 数据核字(2016)第 275139 号

责任编辑：张立红
封面设计：梁　洁
版式设计：方加青
责任校对：李跃娜
责任印制：杨　艳

出版发行：清华大学出版社
网　　　址：http://www.tup.com.cn，http://www.wqbook.com
地　　　址：北京清华大学学研大厦 A 座　　邮　　编：100084
社 总 机：010-62770175　　　　　　　邮　　购：010-62786544
投稿与读者服务：010-62776969，c-service@tup.tsinghua.edu.cn
质 量 反 馈：010-62772015，zhiliang@tup.tsinghua.edu.cn
印 装 者：三河市铭诚印务有限公司
经　　　销：全国新华书店
开　　　本：170mm×240mm　　印　张：17.75　　插 页：4　　字 数：398 千字
版　　　次：2017 年 5 月第 1 版　　印　次：2018 年 5 月第 8 次印刷
定　　　价：68.00 元

产品编号：072714-01

《山海经》，不知作者何人，亦不知成书于何时，自汉刘向父子校定，晋人郭璞为之注解，始成今日面貌。其内容包罗万象，举凡山川、物产、医药、神鬼、礼乐、传说无不涉及，向来被视作奇书，前人或用于考地理，或用于证古史，或借以识远方异物，或据以演小说传奇。近代以来更发现其中不乏可与殷墟甲骨、战国楚简相印证者，更可见其内容多渊源有自，断非一句想象、神话所能概括。由于该书来源复杂，内容丰富，文字简古，故而历代学者对其聚讼不已，却少有定论。读者不妨深入其中，自行探求文字背后的隐秘。

译注说明

　　全书经文部分以《古逸丛书三编》影印南宋淳熙七年池阳郡斋刻本为底本，参考黄永年先生点校本。

　　《山经》部分注释是在拙著《山海经新释之山经略解》的基础上删改而成的，删去大量学术性的考证，仅保留简明的结论，同时订正了其中的若干错讹。至于其中的地理位置所依据的主要是谭其骧先生之说，但也有少量的修正，错误之处自应由我负责。

　　《海经》部分错乱纷杂，语多奇诡，历来号称难读。其中的传说、神话尤其难解，历代研究者聚讼不已。如果逐一出注，势必连篇累牍，注不胜注，违背了本书作为大众读本的初衷。因此这一部分只对生僻字和可能会影响文意的关键字词予以注释，以郭璞《山海经传》为准，必要时参考郝懿行《山海经笺疏》。

　　为避免繁琐，并为节约篇幅，凡是重复出现的内容，只在首次出现时予以注释。

　　译文的作用在于帮助读者理解原文，如果抛开原文只读译文那便失去了古籍今译的意义。因此本书译文以直译为主，不做润饰和解说，对于原书中偶有一些实在无从解释的地方，则径书原文，不敢妄译，强不知以为知。

　　我本人对于《山海经》特别是《山经》的部分有一些与前人不同的认识，具体体现在《试论<五藏山经>所体现的时代及其中诸山神的本质》一文中，请读者参看。

　　本书插画由陈丝雨提供，出自《山海经》（陈丝雨 绘；孙见坤 注）。

西海

蓬萊山

南海

目录

试论《五藏山经》所体现的时代及其中诸山神的本质

本文所探讨的是《五藏山经》文本中所体现的是哪个时代，而不是《五藏山经》作为一部著作成书于哪个时代。《五藏山经》写成于春秋战国时代大致上已经得到公认。但书中所体现出的时代或思想与成书年代并不一致，这种事在先秦文献中屡见不鲜，《五藏山经》所体现的时代早于甚至远远早于春秋战国时代也不是什么奇怪的事情。

1934年，顾颉刚先生在《五藏山经试探》中就已经指出：

> 《山经》定形之期，或未必远早于《禹贡》。至其胚胎之期，则断断高出数百年也。[①]

虽然此话或有模糊之处，毕竟《禹贡》的写作年代本身就是一个聚讼不已的问题。但顾先生凭借他过人的学识已经敏锐地感觉到：《五藏山经》所体现的，与《禹贡》绝不是同一个时代。

绝地天通

绝地天通是中国历史上的一件大事。这件大事的首次记载出现在《尚书·吕刑》中：

> 乃命重黎绝地天通，罔有降格。

刘起釪先生认为这是已经建立了政权机器的华夏集团对受其歧视压迫而诉苦于鬼神的九黎三苗族的镇压[②]。这样的观点未免有点低估了绝地天通在中国历史上的重要性。

《国语·楚语下》有着更为详尽的记载：

> 昭王问于观射父，曰："《周书》所谓重、黎实使天地不通者，何也？若无然，民将能登天乎？"
>
> 对曰："非此之谓也。古者民神不杂。民之精爽不携贰者，而又能齐肃衷正，其智能上下比义，其圣能光远宣朗，其明能光照之，其聪能听彻之，如是则明神降之，在男曰觋，在女曰巫。是使制神之处位次主，而为之牲器时服，而后使先圣之

① 《顾颉刚全集·顾颉刚古史论文集》卷八，266页，中华书局，2011年。
② 顾颉刚、刘起釪《尚书校释译论》，1958—1959页，中华书局，2005年。

后之有光烈，而能知山川之号、高祖之主、宗庙之事、昭穆之世、齐敬之勤、礼节之宜、威仪之则、容貌之崇、忠信之质、禋洁之服而敬恭明神者，以为之祝。使名姓之后，能知四时之生、牺牲之物、玉帛之类、采服之仪、彝器之量、次主之度、屏摄之位、坛场之所、上下之神、氏姓之出，而心率旧典者为之宗。于是乎有天地神民类物之官，是谓五官，各司其序，不相乱也。民是以能有忠信，神是以能有明德，民神异业，敬而不渎，故神降之嘉生，民以物享，祸灾不至，求用不匮。

"及少昊之衰也，九黎乱德，民神杂糅，不可方物。夫人作享，家为巫史，无有要质。民匮于祀，而不知其福。烝享无度，民神同位。民渎齐盟，无有严威。神狎民则，不蠲其为。嘉生不降，无物以享。祸灾荐臻，莫尽其气。颛顼受之，乃命南正重司天以属神，命火正黎司地以属民，使复旧常，无相侵渎，是谓绝地天通。

"其后，三苗复九黎之德，尧复育重、黎之后，不忘旧者，使复典之。以至于夏、商，故重、黎氏世叙天地，而别其分主者也。其在周，程伯休父其后也，当宣王时，失其官守，而为司马氏。宠神其祖，以取威于民，曰：'重实上天，黎实下地。'遭世之乱，而莫之能御也。不然，夫天地成而不变，何比之有？"

这段话的重点在于"及少昊之衰也"这一段。"民神杂糅""家为巫史"以及"民神同位"这一切所表现出来的，正是绝地天通前的情形：人人都可以拜神，人人都可以通神，换言之，即人人都可以从事宗教活动。这种情形是极其危险的，对于民众，沉溺于宗教之中，必然会妨碍生产。而对于整个社会而言，人人通神，人人都可以领会神的旨意，那么社会权威与秩序就无从建立。这一点从洪秀全与杨秀清屡试不爽的"天父附体"闹剧就可以看出了。而这时，颛顼下令绝地天通，也就是将宗教权力收归专人，将天上的事务（宗教）与地上的事务（政治）彻底分开，各有专人管理，是谓绝地天通。用今天的话来讲，可以说就是政教分离。

我们知道，世界上的宗教大致有两种形态：一种是扩散型宗教，即其信仰、仪式甚至组织都和其他的社会生活与制度混而为一；另一种则是制度型宗教，即其有着独立于人世之外的神学理论，有独立的仪式与崇拜对象，还有着独立的组织。所以从这一层面而言，绝地天通实际上就是中国宗教由扩散型宗教向制度型宗教过渡的举措。

绝地天通，可以说是颛顼推行的一项影响中国数千年的宗教改革，它标志着"人文思想从'民神杂糅'状态下的分离"[①]。也就是说，以绝地天通为分界线，之前的中国是一个"神本"的世界，而此后的中国则逐渐进入了一个"人本"的社会。换言之，绝地天通前的中国是一个"神权时代"，而绝地天通后的中国则逐渐过渡到了一个"王权时代"。

那么，绝地天通与《五藏山经》又有何关系呢？

细读《五藏山经》我们可以发现，整部书中存在着两条线索：一是记述实际山川物产的现实线索，一是叙述神怪灵异的宗教线索。虽然全书的主体框架是由现实线索所构筑的，但这部书最终所着眼的却还是那条宗教线索。因为无论之前的叙述多么真实，多

---

① 李零《中国方术考（修订本）》，11页，东方出版社，2001年。

么准确，篇幅多么大，最后总结收尾的永远是对山川的祭祀，永远是那条摆脱不掉的宗教线索。

何以如此？何以现实线索与宗教线索会如此和谐地同时存在于同一本书中？何以无论之前的现实记述如何真实，如何准确，如何浩繁，最后都一定要回归到宗教叙述上？

将其归结为古人的幻想未免太不负责，可以说是将一个复杂的问题简单化到了可笑的程度。那么，这究竟是怎么一回事呢？

不知各位有没有注意到，《五藏山经》中的现实线索与宗教线索，同绝地天通之前的"民神杂糅"是不是有着某种惊人的相似？生活在"民神杂糅"时代的先民们，一方面出于实际生活生产的需要而对山川物产进行总结，而另一方面又由于人皆可以通神的缘故对山川祭祀大书特书，其结果就是造就了一部现实线索与宗教线索并行的地理奇书。再就神权时代的实际需要而言，也确实需要一类似于"山川祭祀指南"的书。而且当时的先民也确实有能力编出这样一部书，因为这种书所需要的不过是一种经验型的知识，而不需要作什么解释，作什么阐述。由此看来，《五藏山经》中对实际山川的描述，很可能只不过是为了帮助祭祀山川的人们辨识其方位而已！

由此，所得出的结论就很显然了：《五藏山经》所体现出的时代，就是绝地天通之前的那个神权时代！

那么，绝地天通这件划时代的大事发生在什么时候？或者说那个神权时代的下限是在什么时候？

李学勤先生主编的《中国古代文明与国家形成研究》中推定，颛顼时代大致可与公元前2600年开始的这一时代的晚期，亦即龙山文化早期相对应[①]。则我们姑且可以将公元前2600年看作绝地天通的开始。

神守社稷守

知道了《五藏山经》表现出的时代是颛顼绝地天通前的那个神权时代后，我们便要开始分析一下《五藏山经》中诸位山神究竟是什么了。

《五藏山经》中所明确记载的山神数量自不在少数。长久以来，我们一直将他们视为神灵，将他们当作土地公一类的人物。但实际上，这却是我们上了当，上了那个"神"字的大当。他们不仅不是什么超自然的神灵，相反，他们是人，是活生生的人，而且是诸侯，是一群与五霸七王所不同的诸侯。

要清楚说明这个问题，就必须先明白一个概念，就是何为"神守"。

还是《国语》这部书，《国语·鲁语》云：

> 既彻俎而宴，客执骨而问曰："敢问骨何为大？"仲尼曰："丘闻之，昔禹

---

① 《中国古代文明与国家形成研究》，204页，云南人民出版社，1998年。

致群神于会稽之山，防风氏后至，禹杀而戮之，其骨节专车，此为大矣。"客曰：
"敢问谁守为神？"仲尼曰："山川之灵，足以纪纲天下者，其守为神社稷之守，
为公侯，皆属于王。"

《史记·孔子世家》所述略同。《集解》引王肃说云：

> 守山川之祀者为神，谓诸侯也。但守社稷国无山川之祀者，直为公侯而已。

从这里，我们可以得知：古时的诸侯有两种，一种是掌管社稷的诸侯，也就是所谓的
"公侯"；而另一种，则仅掌管山川的祭祀，但同掌管社稷的诸侯一样都是诸侯，而他们
就被称为"神"。

近乎决定性的证据出现在《韩非子·饰邪》中：

> 禹朝诸侯于会稽之山，防风之君后至，而禹斩之。

同样的人，同样的事，两处的记载几乎可以完全对应起来。《鲁语》中的"致群
神"就是《韩非子》中的"朝诸侯"；《鲁语》中的"防风氏"就是《韩非子》中的"防
风之君"。

到了这里，"神"是诸侯的一种这个事实，已经昭然若揭了。而学者们对"神守"的
研究，却迟至清代俞樾方才开始。《礼记·月令》中有这么一句话："其帝太皞，其神句
芒。"郑玄注曰："此苍精之君，木官之臣。"

郑玄用"君""臣"释"帝""神"，本极精准，但唐人已经不明"神"的古义，所
以孔颖达《正义》中又用"其祭以为神""死后享祭"等义来解说，大失其义。俞樾乃在
《群经平议》中据《国语》所载而申郑驳孔：

> 《正义》所说，非古义也。《国语·鲁语》："昔禹致群神于会稽之山。"
> 又曰："山川之灵，足以纪纲天下者，其守为神；社稷之守者，为公侯，皆属于王
> 者。"然神之名，不必据死后而称之也。……以君释帝、以臣释神，正得古义。
> 《诗·皇矣篇》《毛传》："致其社稷群神。"《释文》曰："本或作群臣。"是
> 神犹臣也。

但可惜曲园先生仍止步于字义考辨的范畴，未能再进一步。

之后，章太炎先生独具只眼，在《封建考》中首次对神守国进行全面的论述，他说：

> 《鲁语》曰：山川之灵，足以纪纲天下者，其守为神，社稷之守者为公侯，皆
> 属于王者。昔禹致群神于会稽之山，防风氏后至，禹杀而戮之，其骨节专车。防风
> 汪芒氏之君，守封 之山者也。于周亦有任、宿、须句、颛臾，实祀有济，盖化诸
> 侯者众，不守社稷，而亦不设兵卫。……故知神国无兵，而皁牢亦不选具。封嵎，
> 小山也，禹时尚有守者，然名川三百，合以群望，周之守者亦多矣。《春秋》所见
> 财一百四十余国，自幽、平以上灭宗黜地者虽时有，虑不过十去二三，非十三而亡
> 十二也。以神守之国，营于機祥，不务农战，亦少与公侯好聘，故方策不能具，及

其见并，盖亦枯拉朽之势已！①

章先生认为，古代像防风这样的小诸侯还很多，他们都是神守之国，忙于宗教祭祀，没有军队，不务农战，也不守社稷。这样的神守国虽然很多，但因为很少与社稷诸侯联系交往，所以少见于记载，灭亡得也快。章先生毫无疑问已经为我们描绘出了古代神守国的真实面目。但很可惜，章先生没能解释上古时期何以会出现神守国这一独特的现象。解决了这一问题的是杨向奎先生，他在《中国古代社会与古代思想研究》中说：

> 古代，在阶级社会的初期，统治者居山，作为天人的媒介，全是"神国"，国王们断绝了天人的交通，垄断了交通上帝的大权，他就是神，没有不是神的国王。②

相信大家对杨先生的这段话一定不会陌生，因为杨先生所说的正是绝地天通的后果。

至此，相信大家已经明白了我的观点，那就是：《五藏山经》中所谓的山神其实都是神守诸侯。

相信很多人都会对这一观点表示怀疑，仅仅依凭这些证据就能说明《五藏山经》中的山神都是神守诸侯吗？当然，我还有其他的证据。

毫无疑问，如果将《五藏山经》中的山神看作神灵的话，一个很必要的前提就是《五藏山经》所表现出的那个时代的宗教中已经出现了人格神。因为《五藏山经》中对他们的描述，毫无疑问都是当作人格神（如果他们真是宗教意义上的神的话）来描述的。

就宗教的发展而言，"世界宗教的起源，总逃不了图腾崇拜、庶物崇拜，而渐进于群神崇拜与天神崇拜，演成为有组织的宗教"③。那么，在绝地天通前的中国，宗教是什么样子的呢？很可惜，我们尚缺乏颛顼时代可靠的宗教史料，但我们对晚于颛顼近千年的殷商却有着丰富而真实的史料。倘若殷商时代尚无人格神，或人格神概念还很模糊，那么早于他们近千年的颛顼时代是绝无崇拜人格神的可能性，则《五藏山经》中的诸山神也只可能是神守诸侯。

殷人的宗教，当是只有祖先一元神，是一种全体族员对自然与外族的宗教，周人征服殷人后，才将祖先一元神改为天神—祖先的二元神崇拜④。

而张光直先生则认为，殷人"所称之神，不必是具人格的，更适当的说法，也许是说日月风雨都有灵（spirit）"⑤。而且殷人的"帝"很可能也只是祖先的统称或先祖概念的一个抽象。他们都认为殷人除了祖先以外，没有其他的人格神。而陈梦家先生更直言，即使是作为最高神的"天"，在殷人这里也"是一种超越了社会与人间的自然之神"⑥，而

---

① 《封建考》，见《太炎文录初编》，《章太炎全集》卷四，112页，上海人民出版社，1985年。
② 《中国古代社会与古代思想研究》，164页，上海人民出版社，1962年。
③ 《中国宗教思想史大纲》，王治心，10页，上海三联书店，1988年。
④ 《中国思想通史》第一卷，侯外庐、赵纪彬、杜国庠，69页，人民出版社，1957年。
⑤ 《青铜挥塵》，149页，上海文艺出版社，2000年。
⑥ 《殷虚卜辞综述》，580页，中华书局，2004年。

不是人格神。

殷商时期尚未有人格神的存在，颛顼时代，可能吗？

而詹鄞鑫先生针对山川崇拜与山川神更指出：卜辞中"'河'兼指河水和河神。可见殷代的山川与山川神是二位一体的，也就是说，殷代的自然神还没有完成人格化的过程。这种状况一直到春秋时代还基本上不变"①。

再者，让我们来看看《五藏山经》中祭神的祭礼。

《五藏山经》的祭礼大体上符合周礼，但却又不尽合周礼。例如《东次一经》中：

> 祠：毛用一犬，祈聊用鱼。

毕沅、郝懿行均校"聊"乃"䄆"之讹。祈䄆是衈礼的一种，也写作"祈珥""刉珥"，见于《三礼》。但《三礼》中的却与此处大不相同。《周礼·秋官·士师》云：

> 凡刉䄆，则奉犬牲。

郑玄注云：

> 刉䄆，衈礼之事，用牲毛者曰刉，羽者曰䄆。

《礼记·杂记》则云：

> 成庙则衈之……雍人举羊，升屋自中，中屋南面，刉羊，血流于前，乃降。
> 门、夹室皆用鸡，先门而后夹室，其䄆皆于屋下。

可以看得出来，祈䄆礼用于成庙而不用于祭山，用的牺牲是牲畜或禽类，而并不用鱼。《东次一经》的"祈聊"看似祈䄆，但却又与真正的祈䄆不同。再者是《五藏山经》中屡见不鲜的"瘗"与"薶"，这两个字见于《尔雅·释天》"祭地曰瘗薶"。请注意，这里说的是"祭地"，而并非祭山。或许有人会说这是笼统概括而言。但很不幸，因为《释天》接下来紧跟着的一句就是："祭山曰庪县。"

可见祭山之名不同于祭地之名，二者并不相混。否则又是一起貌似合于周礼，但实际上却并不同于周礼的例证。

为什么会出现这种情况？最有可能的就是在这里，祭祀山川所用的是早于周礼的古礼。惟其如此，我们才能解释《五藏山经》祭礼中那种似周礼而又不尽合周礼的怪现象。毕竟，周礼也是从古礼演化而来的。而这也就反证了之前所说的《五藏山经》所表现的时代远远早于其成书年代，至少当在西周之前，最迟也当是殷商末年。而我们刚刚说过了，殷商除了祖先神以外，其他的神都是自然神。这也就意味着，《五藏山经》中林林总总的所谓山神，或者不是人格神，或者就根本不是宗教意义上的神。显然，依据《五藏山经》的文本，这些神不可能是自然神，那么结果只可能是后者。而除了宗教意义上的神以外，

---

① 《神灵与祭祀——中国传统宗教综论》，73页，江苏古籍出版社，1992年。

"神"的意义岂不只剩下神守诸侯这一项了吗？

而且，只有将《五藏山经》中的诸山神解释为神守诸侯，才能解释《五藏山经》中出现的"冢也"问题。

《五藏山经》中经常会出现"某山，冢也"，或"某山、某山、某山，皆冢也"的记录。郭璞认为："冢者，神之所舍也。"也就是说这些"冢也"的山是诸山中的宗主。但依然没有说清楚这个"冢也"到底是什么意思。只有俞樾在《诸子平议补录·山海经》中说："今按下云'羭山神也'，两句为对文。冢犹君也，神犹臣也，盖言华山为君而羭山为臣。""冢也"是君，"神也"是臣，如果这里的"神"不是诸侯，"冢"不是天子的话，能讲得通吗？或许有人会说：这里的君臣是指神界的君臣，而不是人世的君臣。但是请不要忘了，我们刚刚才论证过，《五藏山经》所表现出的那个年代，连人格神都没有，怎会出现神界君臣这种好似《西游记》《封神榜》一类的情况呢？更何况，除了华山以外，其余"冢也"诸山都不是什么名山大川，诸如历儿、骄山、勾檷之类，神界之君会栖息于此？但如果将"神"解释为神守诸侯，将"冢"解释为天子就说得通了。"古之王者，以神道设教，草昧之世，神人未分，而天子为代天之官，因高就丘，为其近于苍穹。是故封泰山禅梁父后代以为旷典，然上古视之至恒也。"[1]绝地天通之前，天子也居于山中，天子即"冢"，为君；神守诸侯即"神"，为臣。还有比这更合理的解释吗？

至于经文中数见不鲜的"其神状皆某首某身"，则很可能是这些神兽都臣属于某一天子，或同属于某一族群，而这一天子或族群的徽记或旗帜就是"某首某身"，于是便以此称呼这些神守诸侯们了。这种情况在上古时代，应该说并不罕见。

明白了《五藏山经》所体现的时代是"绝地天通"前的神权时代，明白了《五藏山经》中诸山神的本质是神守诸侯，这将有助于我们进一步把握《五藏山经》作为一部地理书的实质。

---

[1] 章太炎《神权时代天子居山说》，《官制索隐》，《太炎文录初编》，《章太炎全集》第四卷，87页。

山海经注译卷一

南山经

《南山经》所描述的地域范围，东起今浙江舟山群岛，西抵湖南西部，南抵广东南中国海，包括现今的浙、湘、闽、赣、粤五省。但不包括今广西、贵州、云南等地，也不包括广东西南部高雷一带和海南岛。

1 《南山经》之首①曰䧿山②。其首曰招摇之山③，临于西海④之上，多桂，多金玉。有草焉，其状如韭而青华，其名曰祝馀，食之不饥。有木焉，其状如穀⑤而黑理，其华四照，其名曰迷穀，佩之不迷。有兽焉，其状如禺⑥而白耳，伏行人走，其名曰狌狌⑦，食之善走。丽䴢之水⑧出焉，而西流注于海，其中多育沛⑨，佩之无瘕⑩疾。

注译

①【首】：历来的注者几乎都对此字略而不谈，或径以"开始"释之。看似没有任何问题，但在结尾计数之时，"某某经"同"之首"之间的山皆不计入（唯《南山经》不同，详下）。这里的"首"字并非"开始"之意。汪绂《山海经存》云："曰䧿山之首自招摇以至箕尾，则是此十山皆䧿山脉也。"其义庶几近之，则此处的"首"大致相当于"组"或"山系"之意。

②【䧿】：音却。古"鹊"字。

③【《南山经》之首曰䧿山。其首曰招摇之山】：此句与其余四经不类，似当作"《南山经》䧿山之首，曰招摇之山"。但是《南次一经》经末计数时仍将䧿山计入，亦与其余四经不同。郝懿行《山海经笺疏》以为"《南山经》之首曰䧿山"以下当有阙文。

【招摇之山】：《吕氏春秋·本味篇》"招摇之桂"，高诱注曰："招摇，山名，在桂阳。"谭其骧先生据马王堆所出土之"汉初长沙国西南隅深平防区图"定此山即今广东连州市北湘粤界上的方山。

④【西海】：今珠江三角洲一带古时的海面。

⑤【穀】：音古。木名，即楮树，又名构，陶弘景《神农本草经集注》云："穀即今构树是也，穀构同声，故穀亦名构"，关中地区谓之构桃。初夏开淡绿色小花，雌雄异株，雄花柔荑花序下垂，状如初秀之谷穗而小，雌花球形花序。果圆球形，红色，可食。果表面密布红色柔软针刺，如日之光芒四射，古人误认果为花，故后文云"其华四照"。后文"迷穀"大概是雌穀、母穀，迷、元音近相通。

⑥【禺】：音域。兽名。其似猕猴而大，赤目长尾，或以为即狒狒。

⑦【狌狌】：狌，音星。即猩猩，我国南部曾有分布。狌为猩的异体。

⑧【丽䴢之水】：䴢，音基。即今连江。

⑨【育沛】：郭璞《山海经传》云："未详。"章鸿钊《石雅·珍异》云："窃谓育沛即琥珀也。育沛与琥珀音相近。《本草纲目》引宋大明《本草》云：琥珀破结痂。则功用亦同。"又云："琥珀率产海岸，而育沛亦见于丽䴢注海之处，其产状又同，是育沛即琥珀无疑。"章氏说育沛即琥珀极精准，唯功用之证难以成立，大概误以为瘕痂也。

⑩【瘕】：音假（三声）。病名。本指女性腹部肿胀结块之类的疾病，此处指腹内寄生虫病。

《南山经》第一组山叫䧿山。这一组中的第一座山叫招摇之山，它位于西海的岸边，山上多桂树，又多出产金属矿石及玉石。山上有一种草，形状像韭菜但长着青色的花，它的名字叫祝馀，吃了它就不会感到饥饿。又有一种树，它的样子像构树但有着黑色的花纹，它的花好似阳光照耀四方，它的名字叫迷穀②，把它佩带在身上就不会迷路。还有一种野兽，形状像禺但长着白色的耳朵，既能够伏地爬行，又能够像人一样行走，它的名字叫狌狌，人吃了它可以跑得快。丽麂之水从这里发源，向西流注入大海，其中多产琥珀，人佩带后可以不得寄生虫病。

❷ 又东三百里，曰堂庭之山，多棪①木，多白猿②，多水玉③，多黄金。

注译

①【棪】：音演。树名。郭璞《山海经传》曰："棪，实似柰，赤可食。"
②【白猿】：古之白猿属长臂猿的一种，与今天俗称白头叶猴的白猿不同。
③【水玉】：即水晶。

再往东三百里，是堂庭之山，山上多棪树，又有很多白猿，多产水晶及黄色的沙金。

❸ 又东三百八十里，曰猿翼之山①，其中多怪兽，水多怪鱼，多白玉，多蝮虫②，多怪蛇，多怪木，不可以上。

注译

①【猿翼之山】："猿翼"当作"即翼"，与下文"即翼之泽"相对应。
②【虫】：音毁。毒蛇名。或以为即今天的五步蛇。郭璞《山海经传》云："蝮虫，色如绶文，鼻上有针，大者百余斤，一名反鼻。虫，古虺字。"《说文解字·虫部》曰："虫，一名蝮，博三寸，首大如擘指。象其卧形，物之细微，或飞或行，或毛或蠃，或介或鳞，以虫为象。"注意，这个"虫"不是"蟲"的简化字，《山海经》中"虫"与"蟲"的区分是很清楚的。

再往东三百八十里，是即翼之山，山中有很多怪兽，水里多产怪鱼，多产白玉，多有蝮虫，多有怪蛇，多生怪木，人是不可以上去的。

❹ 又东三百七十里，曰杻阳之山①，其阳多赤金，其阴多白金。有兽焉，其状如马而白首，其文如虎而赤尾，其音如谣②，其名曰鹿蜀，佩③之宜子孙。怪水出焉，而东流注于宪翼之水。其中多玄龟，其状如龟而鸟首虺④尾，其名曰旋龟，其音如判木⑤，佩之不聋，可以为底⑥。

注译

①【杻阳之山】：杻，音纽。
②【其音如谣】：指鹿蜀的叫声像人在歌唱。
③【佩】：指佩带鹿蜀的皮毛。

④【虺】：音毁。毒蛇名。
⑤【判木】：劈开木头。
⑥【底】：通"胝"，音之。手掌或脚底的茧子。"为底"，治疗茧子。即是说旋龟之甲可以用来刮磨茧子。

　　再向东三百七十里，是杻阳之山，山的南面多产赤金，山的北面多产白金。山中有一种怪兽，形状像马却长着白色的头，身上的斑纹像老虎但尾巴却是红色的，吼叫的声音像人唱歌，它名叫鹿蜀，人佩带上它的皮毛可以子孙繁多。怪水从这里发源，向东流入宪翼之水。水中有很多玄龟，它们的形状像是普通的乌龟，但却长着鸟一样的头和蛇一样的尾巴，它名叫旋龟，它的叫声像劈开木头时的响声，人佩带它可以不耳聋，还可以用它来治愈手掌或脚底的茧子。

⑤ 又东三百里，曰柢山①，多水，无草木。有鱼焉，其状如牛，陵居，蛇尾有翼，其羽在鮭②下，其音如留牛，其名曰鯥③，冬死而夏生④，食之无肿疾⑤。

注译

①【柢山】：柢，音蒂。
②【鮭】：音邪。当作"胠"，即鱼胁，亦即鱼的肋骨部分。
③【鯥】：音陆。郭郛《山海经注证》认为是鲮鲤，即穿山甲。
④【冬死而夏生】：这里所说的应该就是虫鱼冬眠夏苏的现象。
⑤【肿疾】：即痈，中医指皮肉间的化脓性疾病。

　　再往东三百里是柢山，山中多水流，但没有花草树木。有一种鱼，形状像牛，住在山坡上，长着蛇一样的尾巴，还有翅膀，它的翅膀则长在胁骨上，鸣叫的声音像犁牛，它名叫鯥，冬天蛰伏而夏天复苏，人吃了它可以不患痈肿病。

⑥ 又东四百里，曰亶爰之山①，多水，无草木，不可以上。有兽焉，其状如狸②而有髦③，其名曰类④，自为牝牡⑤，食者不妒。

注译

①【亶爰之山】：亶，音缠。爰，音源。
②【狸】：音离。即狸猫。
③【髦】：音毛。头发。
④【类】：或称灵狸、灵猫。杨慎《山海经补注》中云："今云南蒙化府有此兽，土人谓之香髦，具两体。"
⑤【自为牝牡】：牝，音聘，雌性的（鸟兽）。牡，音母，雄性的（鸟兽）。"自为牝牡"，即雌雄同体。

再往东四百里，是亶爰之山，山中多水流，但没有花草树木，人不能攀登上去。有一种兽，它的形状像狸猫却长着头发，它名叫类，雌雄同体，人吃了它就不会妒忌别人。

⑦ 又东三百里，曰基山，其阳多玉，其阴多怪木。有兽焉，其状如羊，九尾四耳，其目在背，其名曰猼訑①，佩之不畏。有鸟焉，其状如鸡而三首六目，六足三翼，其名曰鸼鵂②，食之无卧③。

注译

① 【猼訑】：猼，音伯。訑，音仪。
② 【鸼鵂】：鸼，音厂。鵂，音夫。可能就是戴胜，今天俗名"鸡冠鸟""山和尚"。似雀，头上有很大的棕栗色羽冠。经文中说它"三首"，或即指其羽冠。
③ 【无卧】：不需睡眠。

再往东三百里是基山，山的南面多产玉石，山的北面有很多怪树。有一种野兽，它的形状像羊，长着九条尾巴和四只耳朵，眼睛长在背上，它名叫猼訑，人们佩带上它的毛皮就会无所畏惧。有一种鸟，它的形状像鸡却长着三个脑袋和六只眼睛，六只脚和三只翅膀，它名叫鸼鵂，人吃了它就可以不用睡觉。

⑧ 又东三百里，曰青丘之山，其阳多玉，其阴多青䨼①。有兽焉，其状如狐而九尾，其音如婴儿，能食人；食者不蛊②。有鸟焉，其状如鸠，其音若呵③，名曰灌灌④，佩之不惑。英水出焉，南流注于即翼之泽。其中多赤鱬⑤，其状如鱼而人面，其音如鸳鸯，食之不疥。

注译

① 【青䨼】：当作"雘"。雘，音卧。一种青色的矿物颜料，即现在的石青、白青之类。古人常用来涂饰。
② 【食者不蛊】：蛊，病名。此处具体所指不详，也有可能是指蛊毒。"食者不蛊"，是说人吃了它的肉可以不逢妖邪之气，不生蛊病，或不中蛊毒。
③ 【呵】：音喝。指人互相呵斥的声音。
④ 【灌灌】：可能是今天的鹳。
⑤ 【赤鱬】：人鱼之类。鱬，音如。有人认为是鲵鱼，有人认为是儒艮，还有人认为是方头鱼。当以鲵鱼为是。鲵，或作鰕，也就是俗称的娃娃鱼。方头鱼的样子距"鱼而人面"的描述相差太远。而儒艮这个名字是近代从马来语中音译而来的，只不过是碰巧同音而已。

再往东三百里，是青丘之山，山的南面多产玉石，山的北面多产青䨼。有一种野兽，它的形状像狐狸却长着九条尾巴，吼叫的声音像婴儿在啼哭，能吃人；人吃了它可以不生蛊病，不中蛊毒。有一种鸟，它的形状像斑鸠，叫声像人在互相呵斥，它名叫灌灌，人佩带了它的羽毛可以不迷惑。英水从这里发源，向南流入即翼之泽。泽中多赤鱬，它的形状像鱼却有着人的面孔，叫声如同鸳鸯，吃了它可以不生疥疮。

⑨ 又东三百五十里，曰箕尾之山①，其尾踆②于东海，多沙石。汸③水出焉，而南流注于淯④，其中多白玉。

注译

①【箕尾之山】：箕，音基。可能是今广东潮汕或福建厦门附近滨海的某山。
②【踆】："蹲"的古字。这里是临于海上之意。
③【汸】：音方。
④【淯】：音欲。

再往东三百五十里，是箕尾之山，山的尾端位于东海岸边，多有沙石。汸水从这里发源，向南流入淯水，水中多产白玉。

⑩ 凡䧿山之首，自招摇之山以至箕尾之山，凡十山，二千九百五十里。其神状皆鸟身而龙首。其祠之礼：毛用①一璋玉瘗②，糈③用稌米④，一璧，稻米⑤，白菅⑥为席。

注译

①【毛用】：当作"屯用"。毛，楚简作![char]；屯，楚简作![char]，形近而讹也。朱德熙先生与裘锡圭先生发现在信阳楚简中"屯"字与"皆"字对应。《考工记·玉人》云："诸侯纯九，大夫纯五"，郑康成《注》云："纯犹皆也。"纯从屯得声，二字古通用。纯犹"全"意，屯、全古音近，则此处的"毛用"即"屯用"，亦即"全用"。全，《考工记·玉人》云："天子用全"，郑司农云："纯色也。"郑康成云："纯玉也。"同书《考工记·弓人》云："得此六材之全，然后可以为良。"郑康成云："全，无瑕病者。"则"全用"即指祭祀时用纯色无瑕的玉。此说本邹濬智先生，参阅其《楚简文字在<山海经>疑难字句考订上的运用》一文。
②【瘗】：音义。埋物以祭地神。
③【糈】：音许。祭神用的米。
④【稌米】：粳米。稌，音图，粳稻。
⑤【一璧，稻米】：这四字在经文中扞格难通，当是衍文。
⑥【菅】：音监。多年生草本植物，茎可编席。

总计䧿山山系，从招摇之山起到箕尾之山止，一共十座山，行经二千九百五十里。诸山山神的形状都是鸟的身子、龙的头。祭祀山神的典礼：将纯色无瑕的玉璋埋入地下，祀神的精米用粳稻米，用白茅草来编织神的座席。

南次二经

❶《南次二经》之首，曰柜山①，西临流黄，北望诸毗，东望长右。英水出焉，西南流注于赤水，其中多白玉，多丹粟②。有兽焉，其状如豚，有距③，其音如狗吠，其名曰狸力，见则其县多土功④。有鸟焉，其状如鸱而人手⑤，其音如痹⑥，其名曰鴸⑦，其名自号⑧也，见则其县多放士⑨。

注译

①【柜山】：大概相当于今湖南常德、桃源西南某山。柜，音举。不是"櫃"的简化字。

②【丹粟】：细如粟米的朱砂。

③【距】：鸡腿的后面突出的像脚趾一样的部位。这里指狸力的足像鸡爪。

④【土功】：水土工程。

⑤【鸱而人手】：鸱，音吃。鹞鹰。也叫鹞、鹞子、雀鹰，一种猛禽。

⑥【痹】：当作"庳"。音悲。雌鹌鹑。

⑦【鴸】：音朱。相传乃帝尧之子丹朱所化。丹朱傲虐顽凶，被放逐到丹水，后与三苗首领联合反尧，被诛。丹朱投南海而死，魂魄化为鴸鸟。

⑧【其名自号】：自呼其名。

⑨【放士】：被放逐的士人。

　　《南次二经》这组山，第一座是柜山，西边临近流黄国，向北可以望见诸毗，向东可以望见长右山。英水从这里发源，向西南流入赤水，其中多产白玉，还有很多细如粟米的朱砂。有一种野兽，形状像猪，足像鸡爪，叫声如同狗叫，它名叫狸力，在哪里出现哪里就一定会有繁多的水土工程。有一种鸟，形状像鹞鹰，爪子却像人手，啼叫的声音像雌鹌鹑，它名叫鴸，它的叫声就是自己名字的读音，哪里出现鴸哪里就一定会有众多的士人被放逐。

　　❷ 东南四百五十里，曰长右之山，无草木，多水。有兽焉，其状如禺而四耳，其名长右①，其音如吟②，见则郡县大水。

注译

①【长右】："长右"即长手，《说文解字》云："右，手也"，则其兽可能是长臂猿。《骈雅》云："狌狌、长右、举父，皆禺属也。"

②【其音如吟】：像人呻吟的声音。

　　往东南四百五十里，是长右之山，山上没有草树，但有很多水流。有一种野兽，形状像禺却长着四只耳朵，它名叫长右，它的叫声如同人在呻吟，它出现在哪个郡县那里就会发生大水灾。

　　❸ 又东三百四十里，曰尧光之山，其阳多玉，其阴多金。有兽焉，其状如

人而彘鬣^①，穴居而冬蛰，其名曰猾裒^②，其音如斫^③木，见则县有大繇^④。

注译

① 【彘鬣】：猪颈上的长毛。彘，音质。鬣，音列。

② 【猾裒】：猾，音滑。裒，音淮，古怀字。郭璞《山海经图赞》云："猾裒之兽，见则兴役。应政而出，匪乱不适。天下有道，幽形匿迹。"胡文焕《山海经图说》云："尧光山有兽，状如猕猴，人面彘鬣。"

③ 【斫】：音卓。砍。

④ 【繇】：徭役。

再往东三百四十里，是尧光之山，山的南面多产玉石，山的北面多产金属矿物。有一种野兽，形状像人却长着猪的鬣毛，住在洞穴之中，到了冬季就蛰伏起来，它名叫猾裒，它的叫声像砍木头的响声，哪个地方出现猾裒哪里的人们就会有繁重的徭役。

4 又东三百五十里，曰羽山，其下多水，其上多雨，无草木，多蝮虫。

再往东三百五十里，是羽山，山下多水流，山上经常下雨，没有草木，多有蝮虫。

5 又东三百七十里，曰瞿父之山，无草木，多金玉。

再往东三百七十里，是瞿父之山，山上没有草木，多产金、玉。

6 又东四百里，曰句馀之山^①，无草木，多金玉。

注译

① 【句馀之山】：句，音钩。大概是今天浙江四明山的东北隅。

再往东四百里，是句馀之山，山上没有草木，多产金、玉。

7 又东五百里，曰浮玉之山^①，北望具区^②，东望诸毗。有兽焉，其状如虎而牛尾，其音如吠犬，其名曰彘，是食人。苕水^③出于其阴，北流注于具区。其中多鮆鱼^④。

注译

① 【浮玉之山】：即今天目山。以其能"北望具区"，所以当是东天目山。

② 【具区】：古泽名，即今太湖。

③ 【苕水】：苕，音条，凌霄花。苕水即今苕溪。在浙江省境内，因两岸多苕，故名。出自天目山

之南的称作东苕，出自天目山之北的称作西苕。两溪合流后，由小梅、大浅两湖口注入太湖。

④【鲨鱼】：鲨，音计。即刀鱼，又名鲚鱼、鲥鱼。体长可达十厘米，多产于太湖。

再往东五百里，是浮玉之山，向北可以望见具区，向东可以望见诸毗，有一种野兽，形状像老虎却长着牛的尾巴，叫声如同狗叫，它名叫彘，能吃人。苕水从这座山的北麓发源，向北流入具区，里面有很多鲨鱼。

❽ 又东五百里，曰成山，四方而三坛①，其上多金玉，其下多青雘。阇②水出焉，而南流注于虖③勺，其中多黄金。

注译

①【四方而三坛】：大致是说此山层次分明，如同是人工堆砌累迭而成的。

②【阇】：音史。

③【虖】：音乎。

再往东五百里，是成山，山形四方，像一座叠起来的祭坛，山上多产金、玉，山下多产青雘。阇水从这里发源，向南流入虖勺，其中多有黄金。

❾ 又东五百里，曰会稽之山①，四方，其上多金玉，其下多砆石②。勺水出焉，而南流注于湨③。

注译

①【会稽之山】：即今浙江绍兴县南的会稽山。会稽山在天目山的东南，四明山又在会稽山的东面，但经文反而将句余山列在浮玉山的西面，则《南次二经》错简之严重，于此可见一斑了。

②【砆石】：砆，音夫。汪绂《山海经存》云："绍兴出砥石，可磨刀。"当即此石。

③【湨】：音局。水名。

再往东五百里，是会稽之山，山形四四方方，山上多产金、玉，山下多产砆石。勺水从这里发源，向南流入湨。

❿ 又东五百里，曰夷山，无草木，多沙石，湨水出焉，而南流注于列涂。

再往东五百里，是夷山，山上没有草木，有许多沙石。湨水从这里发源，向南流入列涂。

⓫ 又东五百里，曰仆勾之山，其上多金玉，其下多草木，无鸟兽，无水。

再往东五百里，是仆勾之山，山上多产金、玉，山下草木繁多，没有鸟兽，也没有水。

⑫ 又东五百里，曰咸阴之山，无草木，无水。

再往东五百里，是咸阴之山，山中没有草木，也没有水。

⑬ 又东四百里，曰洵山，其阳多金，其阴多玉。有兽焉，其状如羊而无口，不可杀①也，其名曰𪊙②。洵水出焉，而南流注于阏之泽③，其中多茈蠃④。

注译

① 【不可杀】：指𪊙虽然无口，吃不了东西，但却不死。
② 【𪊙】：音幻。
③ 【阏之泽】：阏，郭璞音遏。或以为即今鄱阳湖，但证据不足。
④ 【茈蠃】：茈，音子。蠃，古螺字。茈蠃即紫色的螺。

再往东四百里，是洵山，山南面多产金属矿物，山北面多产玉石。有一种野兽，形状像羊却没有嘴巴，不吃东西也不会死，它名叫𪊙。洵水从这里发源，向南流入阏之泽，其中有很多紫螺。

⑭ 又东四百里，曰虖勺之山，其上多梓、楠，其下多荆、杞。滂水出焉，而东流注于海。

再往东四百里，是虖勺之山，山上多生长梓树和楠树，山下有很多荆棘和枸杞。滂水从这里发源，向东流入海。

⑮ 又东五百里，曰区吴①之山，无草木，多沙石。鹿水②出焉，而南流注于滂③水。

注译

① 【区吴】：即吴国。《史记·吴太伯世家》中曰："太伯之奔荆蛮，自号句吴。"司马贞《索隐》云："颜师古注《汉书》，以吴言'句'者，夷语之发音，犹言'于越'耳。"区，音钩，通"句"。《庄子·天道》："万物化作，萌区有状。"杨树达先生《积微居读书记·庄子拾遗》云："'区'当读为'句'。《礼记·月令》中云：'季春之月，句者毕出，萌者尽达。'《积微居读书记·庄子拾遗》云'萌区'，即《礼记·月令》所云'萌者''句者'也。'句''区'音近相通。"
② 【鹿水】：或以为鹿水乃丽水之讹，若如此，则下文的滂水即永嘉江。
③ 【滂】：音乒。

再往东五百里，是区吴之山，山上没有草木，有很多沙石。鹿水从这里发源，向南流入滂水。

⓰ 又东五百里，曰鹿吴之山，上无草木，多金石。泽更之水出焉，而南流注于滂水。水有兽焉，名曰蛊雕，其状如雕而有角，其音如婴儿之音，是食人。

再往东五百里，是鹿吴之山，山上没有草木，多产金、石材。泽更之水从这里发源，向南流入滂水。水中有一种兽，名叫蛊雕，形状像雕却长了角，它的叫声如同婴儿啼哭，会吃人。

⓱ 东五百里，曰漆吴之山，无草木，多博石①，无玉。处于海，东望丘山，其光载出载入②，是惟日次③。

注译

① 【博石】：大石头。
② 【载出载入】：忽明忽暗的意思。载，音在。
③ 【日次】：太阳休息的地方。

再往东五百里，是漆吴之山，没有草木，多产博石，不产玉石。位于海滨，东望丘山，有光影忽明忽暗，那是太阳休息的地方。

⓲ 凡《南次二经》之首，自柜山至于漆吴之山，凡十七山，七千二百里。其神状皆龙身而鸟首。其祠：毛用①一璧瘗，糈用稌。

注译

① 【毛用】：此处的"毛用"亦当作"屯用"，与《南次一经》同。

总计《南次二经》这组山，从柜山起到漆吴山之止，一共十七座山，行经七千二百里。各山山神的形状都是龙的身子、鸟的头。祭祀的典礼：将纯色无瑕的玉璧埋入地下，祀神的精米用粳稻米。

南次三经

❶《南次三经》之首，曰天虞之山①，其下多水，不可以上。

注译

①【天虞之山】：即今天的夫卢山，在今广东省四会县西北。

《南次三经》这组山，第一座是天虞之山，山下多水流，人攀登不上去。

❷ 东五百里，曰祷过之山，其上多金玉，其下多犀、兕①，多象。有鸟焉，其状如鵁②而白首，三足、人面，其名曰瞿如，其鸣自号也。泿水③出焉，而南流注于海。其中有虎蛟④，其状鱼身而蛇尾，其音⑤如鸳鸯，食者不肿，可以已痔。

注译

①【兕】：音四。状如水牛，青色，一角。犀与兕都是猛兽，犀或两角或独角，兕皆独角。
②【鵁】：音交。一种水鸟。
③【泿水】：古水名。泿，音银。上游即今广西壮族自治区东北部的洛清河，中下游即柳江、黔江及西江。
④【虎蛟】：今人多以为即鳄鱼。
⑤【其音】：当作"其首"。

向东五百里，是祷过之山，山上盛产金、玉，山下有很多犀、兕，有很多大象。有一种鸟，形状像鵁却长着白色的脑袋，长着三只脚和人一样的脸，它名叫瞿如，它的叫声就是自己名字的读音。泿水从这里发源，向南流入海。其中有虎蛟，它有着鱼的身子和蛇的尾巴，脑袋像鸳鸯，人吃了它可以不生痈肿，还能够治愈痔病。

❸ 又东五百里，曰丹穴之山，其上多金、玉。丹水①出焉，而南流注于渤海②。有鸟焉，其状如鸡，五采而文，名曰凤皇③，首文曰德，翼文曰义，背文曰礼，膺④文曰仁，腹文曰信。是鸟也，饮食自然，自歌自舞，见则天下安宁。

注译

①【丹水】：大概即今天的流溪河。
②【渤海】：这个"渤海"是指海因深入陆地而造成的海岸弯曲，不是今山东省东面的渤海。其位置应在今南海。
③【凤皇】：即凤凰。《说文解字》云："凤，神鸟也。天老曰：'凤之象也，鸿前麟后，蛇颈鱼尾，龙文龟背，燕颔鸡喙，五色备举。出于东方君子之国，翱翔四海之外，过昆仑，饮砥柱，濯羽弱水，莫宿风穴，见则天下大安宁'。"
④【膺】：音英。胸部。

再往东五百里，是丹穴之山，山上盛产金、玉。丹水从这里发源，向南流入渤海。有一种鸟，形状像鸡，身上是五彩羽毛而有花纹，名叫凤凰，头上的花纹是"德"字，翅膀上的花纹是"义"字，背部的花纹是"礼"字，胸部的花纹是"仁"字，腹部的花纹是"信"字。这种鸟，饮食十分自然，经常自己载歌载舞，只要它一出现天下就会太平安宁。

❹ 又东五百里，曰发爽之山，无草木，多水，多白猿。汎水①出焉，而南流注于渤海。

注译

①【汎水】：一作泛水，即今天广州市东部的增江。

再往东五百里，是发爽之山，没有草木，有很多水流，有很多白猿。汎水从这里发源，向南流入渤海。

❺ 又东四百里，至于旄山之尾，其南有谷，曰育遗，多怪鸟，凯风①自是出。

注译

①【凯风】：南风。

再往东四百里，就到了旄山的尾端。它的南面有山谷，叫作育遗，有很多奇怪的鸟，南风从这里吹出来。

❻ 又东四百里，至于非山之首，其上多金玉，无水，其下多蝮虫。

再往东四百里，就到了非山的首部，山上盛产金、玉，没有水，山下多有蝮虫。

❼ 又东五百里，曰阳夹之山，无草木，多水。

再往东五百里，是阳夹之山，没有草木，有很多水流。

❽ 又东五百里，曰灌湘之山，上多木，无草；多怪鸟，无兽。

再往东五百里，是灌湘之山，山上有很多树，但没有草；有很多怪鸟，但没有野兽。

❾ 又东五百里，曰鸡山，其上多金，其下多丹雘①。黑水出焉，而南流注于海。其中有鲐鱼②，其状如鲋③而彘毛④，其音如豚，见则天下大旱。

注译

① 【丹雘】：雘，音卧。一种红色的矿物颜料。
② 【鲐鱼】：鲐，音团。
③ 【鲋】：音父。一说为蛤蟆，一说为鲫鱼。
④ 【彘毛】：毛，当作"尾"，形近而讹。

再往东五百里，是鸡山，山上有很多金属矿物，山下多产丹雘。黑水从这里发源，向南流入海。其中有一种鲐鱼，形状像鲋却长着猪的尾巴，它的叫声像是猪叫，它一出现天下就会大旱。

❿ 又东四百里，曰令丘之山，无草木，多火。其南有谷焉，曰中谷，条风①自是出。有鸟焉，其状如枭②，人面四目而有耳，其名曰颙③，其鸣自号也，见则天下大旱。

注译

① 【条风】：东北风。
② 【枭】：音肖。传说中的凶鸟。
③ 【颙】：音余。

再往东四百里，是令丘之山，没有草木，许多地方有野火。山的南边有谷，叫作中谷，东北风从这里吹出来。有一种鸟，形状像枭，长着一副人脸却有四只眼睛而且还有耳朵，名叫颙，它的叫声就是自己名字的读音，它一出现天下就会大旱。

⓫ 又东三百七十里，曰仑者之山，其上多金、玉，其下多青雘。有木焉，其状如榖而赤理，其汗如漆①，其味如饴，食者不饥，可以释劳②，其名曰白蓉③，可以血玉④。

注译

① 【其汗如漆】："汗"，当作"汁"。
② 【劳】：忧愁或疲劳，两种解释均可通。
③ 【蓉】：音高。
④ 【血玉】：是说白蓉的树汁可以用来将玉染成血色。

再往东三百七十里，是仑者之山，山上有很多金、玉，山下多产青雘。有一种树，形状像构树而有着红色的花纹，分泌出的汁液像漆，味道像饴糖，人吃了它就不感到饥饿，还可以解除忧愁和疲劳，它名叫白䓘，可以用来把玉染成血色。

⑫ 又东五百八十里，曰禹稿之山，多怪兽，多大蛇。

再往东五百八十里，是禹稿之山，有很多怪兽，有很多大蛇。

⑬ 又东五百八十里，曰南禹之山，其上多金、玉，其下多水。有穴焉，水春辄入，夏乃出，冬则闭。佐水出焉，而东南流注于海，有凤皇、鹓雏①。

注译

①【鹓雏】：鹓，音渊。雏，音除。传说中凤凰一类的鸟。

再往东五百八十里，是南禹之山，山上多产金、玉，山下多水流。山中有一个洞穴，水在春天流入，到了夏天便流出，在冬天则闭塞不通。佐水从这里发源，然后向东南流入海，有凤凰、鹓雏。

⑭ 凡南次三经之首，自天虞之山以至南禹之山，凡一十四山，六千五百三十里。其神皆龙身而人面①。其祠皆一白狗祈②，糈用稌。

注译

①【龙身而人面】：汪绂《山海经存》作"鸟身而人面"。案：《南山经》三山系皆以鸟为崇拜物件，所信仰的都是鸟神。汪校改是，当从之。
②【祈】：音基，通"刉"，杀牲取血，指衈礼，即杀牲取血，用以涂抹新成的器物。

总计《南次三经》这组山，从天虞之山到南禹之山，一共十四座山，行经六千五百三十里。各山山神都是鸟的身子、人的脸面。祭祀山神都是用一条白狗行衈礼，祀神的精米用粳稻米。

右南经之山志，大小凡四十山，万六千三百八十里。

注译

这一句不是《南山经》的原文，而是后人的校语，故而古本中比前面正文低一格。

以上是《南山经》的内容，大大小小一共四十座山，行经一万六千三百八十里。

山海经注译卷二

西山经

《西山经》所描述的地域范围，东起山西、陕西间的黄河，南起陕西、甘肃秦岭山脉，北抵宁夏盐池西北、陕西榆林东北一线，西南抵甘肃鸟鼠山、青海湖一线，西北可能到达东南角的阿尔金山，但不包括罗布泊以西以北。

❶《西山经》华山之首①，曰钱来之山，其上多松，其下多洗石②。有兽焉，其状如羊而马尾，名曰羬羊③，其脂可以已腊④。

注译

① 【华山之首】：自此以下至太时之山，其水皆北流注于渭，当即今陕西渭水南岸，华山和秦岭山脉诸山。
② 【洗石】：郭璞《山海经传》云："澡洗可以碘体去垢坋"，则当即今天的搓垢石。而吕调阳《五藏山经传》则谓："濯足谓之洗。洗石，今名毕蕊石，出华陕诸山中，屑之可治足缝出水，故名。"二者相较，吕说为胜。
③ 【羬羊】：羬，音前。大羊。
④ 【腊】：音昔。皮肤龟裂。"腊"不是"臘"的简化字。

《西山经》华山这一组山，第一座叫钱来之山，山上有许多松树，山下有很多洗石。有一种野兽，形状像羊却长着马尾巴，名叫羬羊，它的油脂可以护理治疗皮肤龟裂。

❷ 西四十五里，曰松果之山①。濩水②出焉，北流注于渭，其中多铜。有鸟焉，其名曰螅渠③，其状如山鸡，黑身赤足，可以已㿷④。

注译

① 【松果之山】：今陕西省华阴市东南二十七里有松果山，不知是否即此。
② 【濩水】：《水经注》引作"灌水"，可能即今陕西省西安市临潼区内之潼河。
③ 【螅渠】：螅，音同。螅渠即今之水鸡。
④ 【㿷】：音雹。皮肤因严重皲裂而起皱突起。

往西四十五里，是松果之山。濩水从这里发源，向北流入渭水，其中多产铜。有一种禽鸟，它名叫螅渠，它的形状像山鸡，有黑色的身子和红色的爪子，可以用来治疗皮肤因严重皲裂而形成的突起。

❸ 又西六十里，曰太华之山①，削成而四方，其高五千仞②，其广十里，鸟兽莫居。有蛇焉，名曰肥螱③，六足四翼，见则天下大旱。

注译

① 【太华之山】：即西岳华山。

② 【仞】：古人以七尺或八尺为一仞。

③ 【肥蟥】：蟥，音卫。也作"蜚蟥""肥遗""蛶蟥""蟿蟥"等。《广韵》云："蟥，蟿蟥，神蛇，一首两身，六足四翼，见则其国大旱，汤时见于阳山，出《山海经》。"明遗民夏完淳《招魂》诗有云："蟿蟥两身，一行赤地些。"其实亦即《尔雅·释兽》中的"威夷"，还可以写作"委蛇""延维""委维""俞儿""于儿"，都是由蛇这种动物的声音而来的连绵词，均由蛇的形象引申为曼长而屈曲之义。说详王念孙《广雅疏证》卷六。

再往西六十里，是座太华之山，山体像刀削成的四方形，它的高度有五千仞，它的宽度有十里，鸟兽也无法栖身。有一种蛇，名叫肥蟥，长着六只脚和四只翅膀，它一出现天下就会大旱。

4 又西八十里，曰小华之山①，其木多荆、杞，其兽多㸦牛②，其阴多磬石③，其阳多㻬琈④之玉，鸟多赤鷩⑤，可以御火，其草有萆荔⑥，状如乌韭，而生于石上，亦缘木而生，食之已心痛。

注译

① 【小华之山】：或即少华山，在华山西南。

② 【㸦牛】："㸦"，音昨。一种山牛。

③ 【磬石】：可以制造磬这种乐器的石料。

④ 【㻬琈】：美玉名，不详。《山海经》中常见。㻬，音突。琈，音幅。

⑤ 【赤鷩】：锦鸡。鷩，音毕。

⑥ 【萆荔】：萆，音毕。一种香草。

再往西八十里，是小华之山，山上的树木多是荆棘和枸杞，山中的野兽多是㸦牛，山的北面多产磬石，山的南面多产㻬琈美玉。这里的鸟是赤鷩，人饲养它可以防火。山中有萆荔，形状像乌韭，但长在石头上面，有的也攀在树木上生长，人吃了它可以治疗心痛。

5 又西八十里，曰符禺之山①，其阳多铜，其阴多铁。其上有木焉，名曰文茎，其实如枣，可以已聋。其草多条，其状如葵，而赤华黄实，如婴儿舌，食之使人不惑。符禺之水出焉，而北流注于渭。其兽多葱聋②，其状如羊而赤鬣。其鸟多鴖③，其状如翠④而赤喙，可以御火⑤。

注译

① 【符禺之山】：大致在今陕西省华阴市西南。

② 【葱聋】：郭郛《山海经注证》以为是藏羚羊。

③ 【鴖】：音民。

④【翠】：翠，即翠鸟。

　　再往西八十里，是符禺之山，山的南面盛产铜，山的北面盛产铁。山上有一种树，名叫文茎，结的果像枣，可以治疗耳聋。山中的草多是条草，形状像葵菜，但花是红的、果是黄的，像婴儿的舌头，吃了可以使人不迷惑。符禺之水从这里发源，向北流入渭水。山中的野兽多是葱聋，它的形状像羊却长有红色的鬣毛。山中的鸟多是鴖，它的形状像翠鸟但有着红色的嘴巴，人饲养它可以防火。

❻ 又西六十里，曰石脆之山，其木多棕、楠，其草多条①，其状如韭，而白华黑实，食之已疥。其阳多㻬琈之玉，其阴多铜。灌水出焉，而北流注于禺水。其中有流赭②，以涂牛马无病。

注译

①【条】：草名，与上文符禺之山的条草同名而异状。
②【赭】：音者，赤土。据《本草纲目》所云，赭土主治贼风蛊毒，所以用以涂牛马，能使其无病。

　　再往西六十里，是石脆之山，山上的树多是棕树和楠树，山上的草多是条草，它的形状像韭菜，但是花是白的、果是黑的，人吃了可以治愈疥疮。山的南面多产㻬琈美玉，山的北面多产铜。灌水从这里发源，向北流入禺水。其中有流赭，将其涂在牛马的身上能使其不生病。

❼ 又西七十里，曰英山，其上多杻、橿①，其阴多铁，其阳多赤金。禺水出焉，北流注于招②水，其中多鲜③鱼，其状如鳖，其音如羊。其阳多箭、䉋④，其兽多牸牛、羬羊。有鸟焉，其状如鹑，黄身而赤喙，其名曰肥遗⑤，食之已疠，可以杀虫。

注译

①【杻、橿】：杻，音纽，今朴树。橿，音姜，今尖叶栎。
②【招】：音勺。
③【鲜】：鲜，音棒。
④【箭、䉋】：䉋，音没，竹名。这里的"箭"也是竹名，即箭竹，也称刚竹，可用来制箭，故名。
⑤【肥遗】：这里的肥遗是肥遗鸟，与上文太华之山的肥螅不是同一种动物。

　　再往西七十里，是英山。山上多生杻树和橿树，山的北面多产铁，山的南面多产赤金。禺水从这里发源，向北流入招水，水中有很多鲜鱼，它的形状像鳖，它的叫声像羊叫。山的南面有很多箭竹和䉋竹，这里的野兽多是牸牛、羬羊。有一种鸟，形状像鹌鹑，黄色的身子和红色的嘴巴，它名叫肥遗，人吃了它可以治愈疠病，还能杀死体内的寄生虫。

❽ 又西五十二里，曰竹山①，其上多乔木，其阴多铁。有草焉，其名曰黄雚，其状如樗②，其叶如麻，白花而赤实，其状如赭，浴之已疥，又可以已胕③。竹水出焉，北流注于渭，其阳多竹、箭，多苍玉。丹水出焉，东南流注于洛水，其中多水玉，多人鱼④。有兽焉，其状如豚而白毛，大如笄⑤而黑端，名曰豪彘⑥。

注译

① 【竹山】：在今陕西省商洛市牧护关，北至蓝关、秦岭。
② 【樗】：音出。臭椿。
③ 【胕】：音浮。浮肿。
④ 【人鱼】：即鲵鱼，又名陵鱼，龙鱼。郭璞《山海经传》云："如鲇鱼四脚。"《尔雅·释鱼》郭璞注云："今鲵鱼似鲇，四脚，前似猕猴，后似狗，声如小儿啼，大者长八九尺。"《本草纲目》云："鲵即鳙鱼之能上树者，俗云鲇鱼上竿，乃此也。"吴任臣《山海经广注》引《异物志》云："鲵鱼有四足，如龟而行疾，有鱼之体，而以足行，故曰鲵鱼。"这很可能是古人一种图腾崇拜对象，在庙底沟文化与马家窑文化所出土的彩陶瓶的腹部都有人面鲵鱼图像，而西安半坡遗址也出土有人面鱼纹盆。
⑤ 【笄】：笄，音基。
⑥ 【豪彘】：即豪猪，又名狟猪，俗称箭猪。

　　再往西五十二里，是竹山，山上多生长着高大的树木，山北面多产铁。有一种草，它名叫黄雚，形状像樗，叶子像麻，白色的花、红色的果，形状像赭土，用它洗浴可治疗疥疮，还可以治疗浮肿。竹水从这里发源，向北流入渭水，山南面有许多竹子和箭竹，多产苍玉。丹水从这里发源，向东南流入洛水，其中多产水晶，多有人鱼。有一种野兽，形状像猪而且长着白毛，毛像簪子一样，名叫豪彘。

❾ 又西百二十里曰浮山①，多盼木，枳叶而无伤②，木虫居之。有草焉，名曰薰草，麻叶而方茎，赤华而黑实，臭如蘼芜③，佩之可以已疠。

注译

① 【浮山】：在今陕西省西安市临潼区东南。
② 【无伤】：枳叶有刺，能够伤人，盼木叶似枳叶而无刺，故云"无伤"。
③ 【蘼芜】：蘼，音弥。芜，音无。即芎䓖的幼苗。

　　再往西一百二十里，是浮山，山上多盼木，长着枳树的叶子但没有刺，树内生有木虫。有一种草，名叫薰草，叶子像麻叶但长着方形的茎，红色的花、黑色的果，气味像蘼芜，佩带在身上就可以治疗疠病。

❿ 又西七十里，曰翰①次之山。漆水②出焉，北流注于渭。其上多棫、橿，其下多竹、箭，其阴多赤铜，其阳多婴垣之玉③。有兽焉，其状如禺而长臂，善投，其名曰嚣④。有鸟焉，其状如枭，人面而一足，曰橐𩇩⑤，冬见夏蛰，服之⑥不畏雷。

注译

① 【翰】：音余。

② 【漆水】：古水名。一般认为即今陕西省宝鸡市麟游县东南的漆水河。

③ 【婴垣之玉】：郭璞《山海经传》云："垣或作短，或作根，或作埋，传写谬误，未可得详。"案：江绍原认为应当即婴脰之玉，用以装饰颈部。其说在理，可供参考。吕调阳则校作"婴珥之玉"，并云："婴珥之玉亦作婴珉之玉，幼女项饰也。珉，幼子项饰也。珥古文作珰，从𤨛，即古乳字，石英之端似乳也。"与江说相近，而证据更加充分。

④ 【嚣】：音肖。

⑤ 【橐𩇩】：橐，音陀。𩇩，音肥。

⑥ 【服之】：郭璞《山海经传》云："着其毛羽，令人不畏天雷也。"则此处之"服"，当取佩带之意。

再往西七十里，是翰次之山。漆水从这里发源，向北流入渭水。山上多有棫树和橿树，山下多有竹子和箭竹，山的北面多有赤铜，山的南面多有婴垣玉。有一种野兽，形状像禺，手臂很长，擅长投掷，它名叫嚣。有一种鸟，形状像枭，但长着人的面孔，只有一只脚，叫作橐𩇩，冬天出现，夏天蛰伏，佩带它的羽毛可以不怕打雷。

⓫ 又西百五十里，曰时山①，无草木。逐水出焉，北流注于渭，其中多水玉。

注译

① 【时山】：时，当作"峙"，音至。属于今秦岭山脉。

再往西一百五十里，是时山，没有草木。逐水从这里发源，向北流入渭水。其中多产水晶。

⓬ 又西百七十里，曰南山①，上多丹粟。丹水出焉，北流注于渭。兽多猛豹②，鸟多尸鸠③。

注译

① 【南山】：即终南山，在今陕西省西安市南。

② 【猛豹】：郭璞《山海经传》云："猛豹似熊而小，毛浅，有光泽，能食蛇，食铜铁，出蜀中。"

③ 【尸鸠】：一作"鸤鸠"，即今杜鹃。

再往西一百七十里，是南山，山上多丹砂。丹水从这里发源，向北流入渭水。山中的野兽大多是猛豹，鸟大多是尸鸠。

⑬ 又西百八十里，曰大时之山①，上多穀、柞，下多杻、橿，阴多银，阳多白玉。涔水②出焉，北流注于渭。清水出焉，南流注于汉水。

注译

①【大时之山】：大时，音太至，《广韵》引作"泰畤"，即今太白山。
②【涔水】：涔，音岑。疑即斜水，今名石头河，渭河支流之一。

再往西一百八十里，是大时之山，山上多构树和柞树，山下多杻树和橿树，山的北面多产银，山的南面多产白玉。涔水从这里发源，向北流入渭水。清水也从这里发源，向南流入汉水。

⑭ 又西三百二十里，曰嶓冢之山①，汉水出焉，而东南流注于沔；嚣水出焉，北流注于汤水。其上多桃枝、钩端②，兽多犀、兕、熊、罴，鸟多白翰③、赤鷩。有草焉，其叶如蕙，其本如桔梗，黑华而不实，名曰骨④蓉，食之使人无子。

注译

①【嶓冢之山】：嶓，音波。有两处，一在今甘肃省天水市与礼县之间，是西汉水的源头。一在今陕西宁强县，是汉水的源头。此处的"嶓冢之山"应是后者。
②【桃枝、钩端】：具是竹名。
③【白翰】：白翰，即白雉。
④【骨】：音孤。

再往西三百二十里，是嶓冢之山，汉水从这里发源，向东南流入沔水；嚣水也从这里发源，向北流入汤水。山上多桃枝竹和钩端竹，野兽多是犀、兕、熊、罴，鸟多是白翰、赤鷩。有一种草，叶子像蕙草叶，茎干像桔梗，有黑色的花但不结果，名叫骨蓉，人吃了它就会不育。

⑮ 又西三百五十里，曰天帝之山，上多棕、楠，下多菅①、蕙。有兽焉，其状如狗，名曰谿边，席其皮者不蛊。有鸟焉，其状如鹑，黑文而赤翁②，名曰栎，食之已痔。有草焉，其状如葵，其臭如蘼芜，名曰杜衡③，可以走马④，食之已瘿⑤。

注译

①【菅】：即菅草，又名菅茅，苞子草。茎可用来织草鞋、编草绳、盖屋顶。

② 【翁】：鸟类颈上的羽毛。

③ 【杜衡】：多年生草本植物，野生在山地里，开紫色小花。根茎可以入药。也写作"杜蘅"。

④ 【走马】：使马跑，也有人说是可以使马健走。

⑤ 【瘿】：音影。中医指颈前喉结两旁结块肿大的疾病。

再往西三百五十里，是天帝之山，山上多棕树和楠树，山下多茅草和蕙草。有一种野兽，形状像狗，名叫谿边，把它的皮当作坐卧时的垫子就不会中蛊毒。一种禽鸟，形状像鹌鹑，长着黑色的花纹和红色的颈毛，名叫栎，吃了它可以治疗痔病。有一种草，它的形状像葵菜，它的味道像蘼芜，名叫杜衡，给马戴上可以使它跑得很快，吃了它可以治疗脖子上的肿块。

⑯ 西南三百八十里，曰皋涂之山，蔷水①出焉，西流注于诸资之水；涂水出焉，南流注于集获之水。其阳多丹粟，其阴多银、黄金，其上多桂木。有白石焉，其名曰礜②，可以毒鼠。有草焉，其状如稿茇③，其叶如葵而赤背，名曰无条，可以毒鼠。有兽焉，其状如鹿而白尾，马足人手而四角，名曰玃如。有鸟焉，其状如鸱而人足，名曰数斯④，食之已瘿。

注译

① 【蔷水】：水名。蔷，音强。其水生蔷，故名蔷水，与苕溪同理。

② 【礜】：音欲。礜石即硫砷化铁矿石，又名毒砂。可以入药，也可用来灭鼠，故云"可以毒鼠"。

③ 【稿茇】：稿，音稿。茇，音拔。香草名。

④ 【数斯】：猫头鹰一类的鸟。

往西南三百八十里，是皋涂之山，蔷水从这里发源，向西流入诸资之水；涂水也从这里发源，向南流入集获之水。山的南面多产丹砂，山的北面多产银、黄金，山上多桂树。有一种白色的石头，它名叫礜，可以毒死老鼠。有一种草，形状像稿茇，叶子像葵菜但背面是红的，名叫无条，可以毒死老鼠。有一种野兽，形状像鹿却长着白色的尾巴，马的蹄子、人的手和四只角，名叫玃如。有一种鸟，形状像鸱鹰却长着人的脚，名叫数斯，吃了它可以治疗脖子上的肿块。

⑰ 又西百八十里，曰黄山，无草木，多竹箭。盼水出焉，西流注于赤水，其中多玉。有兽焉，其状如牛，而苍黑大目，其名曰㬪①。有鸟焉，其状如鸮，青羽赤喙，人舌能言，名曰鹦䳇②。

注译

① 【㬪】：音敏。

② 【鹦䳇】：即鹦鹉。

再往西一百八十里，是黄山，没有草木，多竹子和箭竹。盼水从这里发源，向西流入赤水，其中有很多玉石。有一种野兽，形状像牛，颜色青黑，眼睛很大，它名叫犛。有一种鸟，形状像鸮，长着青色的羽毛和红色的嘴，还能学人说话，名叫鹦鹉。

⑱ 又西二百里，曰翠山，其上多棕、枬，其下多竹、箭，其阳多黄金、玉，其阴多旄牛、麢①、麝②；其鸟多鸓③，其状如鹊，赤黑而两首四足，可以御火。

注译

① 【麢】：音零。即羚羊。
② 【麝】：音射。又名麝獐、香獐。
③ 【鸓】：当作"鹠"，音碟。

再往西二百里，是翠山，山上多棕树和枬木树，山下多竹子和箭竹，山的南面多产黄金、玉石，山的北面多有旄牛、麢、麝。山中的鸟多是鹠，形状像鹊，红黑色的羽毛、两个脑袋、四只脚，人饲养它可以防火。

⑲ 又西二百五十里，曰騩山①，是錞②于西海③，无草木，多玉。凄水④出焉，西流注于海，其中多采石、黄金，多丹粟。

注译

① 【騩山】：騩，音归。即今青海省日月山。
② 【錞】：通"蹲"。
③ 【西海】：即今青海湖。
④ 【凄水】：即今倒淌河。

再往西二百五十里，是騩山，它坐落在西海边上，没有草木，有很多玉石。凄水从这里发源，向西流入海，其中有许多采石、黄金，还有很多丹砂。

⑳ 凡西经之首，自钱来之山至于騩山，凡十九山，二千九百五十七里。华山，冢①也，其祠之礼：太牢②。羭山，神也③，祠之用烛④，斋百日以百牺⑤，瘗用百瑜，汤⑥其酒百樽，婴⑦以百珪百璧。其余十七山之属，皆毛牷⑧用一羊祠之。烛者百草之未灰⑨，白席采等纯之⑩。

注译

① 【冢】：郭璞《山海经传》云："冢者，神之所舍也。"即指华山是《西次一经》诸山中的宗

主。清儒俞樾云："今按下云'瀜山神也'，两句为对文。冢犹君也，神犹臣也，盖言华山为君而瀜山为臣。"据《国语·郑语》所载"史伯与郑武公私论当时诸侯"一节可知，"冢君"连文，古有其例。冢即君也。而此处的"神"仍当是指神守诸侯。

② 【太牢】：祭祀时猪、牛、羊三牲全备为太牢，有时也专指牛为太牢，羊为少牢。

③ 【瀜山，神也】：瀜山即瀜次之山。神，当指瀜次之山，在《西次一经》诸山中仅次于华山，位居第二。

④ 【烛】：火把，由柴草捆扎，浸透油脂而燃。

⑤ 【牺】：毛色纯正的祭祀用牲畜。

⑥ 【汤】：烫的本字，使酒温热。

⑦ 【婴】：围绕、环绕之意。

⑧ 【牷】：音全。毛色纯正而完整的祭祀用牲畜。

⑨ 【百草之未灰】：由草木扎成的火把（即上文的"烛"），还没有烧完。

⑩ 【白席采等纯之】：祭神时陈列祭品的席用白茅织成，边缘用五彩装饰。由于众山神尊卑不同，故席子边缘的装饰也有所不同。

　　《西山经》这一组山，自钱来之山到騩山，一共十九座山，行经二千九百五十七里。华山是诸山的宗主，祭祀它的典礼用太牢。瀜次之山仅次于华山，祭祀它要用火把，斋戒一百天，用一百只毛色纯正的牲畜，埋一百块美玉，烫一百樽美酒，环绕陈列一百块玉珪和一百块玉璧。祭祀其余十七座山，都是用一只完整纯色的羊祭祀。所谓的烛，就是用百草束成的火把还未烧成灰的时候，祀神的白茅草席边缘要按等级有序地用各种颜色来装饰。

西次二经

1 《西次二经》之首，曰钤山①，其上多铜，其下多玉，其木多杻、橿。

注译

① 【钤山】：钤，音前。今陕西省延安市东南汾川河发源处。

《西次二经》这组山第一座叫作钤山，山上多产铜，山下多产玉，山上的树多是杻树和橿树。

2 西二百里，曰泰冒之山，其阳多金，其阴多铁。浴水出焉，东流注于河，其中多藻玉①，多白蛇。

注译

① 【藻玉】：彩玉。

向西二百里，是泰冒之山，山的南面多产金，山的北面多产铁。浴水从这里发源，向东流入河，其中有很多藻玉，还有很多白蛇。

3 又西一百七十里，曰数历之山，其上多黄金，其下多银，其木多杻、橿，其鸟多鹦鹉。楚水出焉，而南流注于渭，其中多白珠。

再往西一百七十里，是数历之山，山上多产黄金，山下多产银，山上的树多是杻树和橿树，山中的鸟多是鹦鹉。楚水从这里发源，向南流入渭水，其中多产白珠。

4 又西百五十里高山，其上多银，其下多青碧①、雄黄，其木多棕，其草多竹。泾水出焉，而东流注于渭，其中多磬石、青碧。

注译

① 【青碧】：青美似玉的石头。章鸿钊认为即今孔雀石。

再往西一百五十里，是高山，山上多产银，山下多产青碧、雄黄，山中的树木多是棕树，山中的草多是竹子。泾水从这里发源，向东流入渭水，其中有很多磬石、青碧。

5 西南三百里，曰女床之山，其阳多赤铜，其阴多石涅①，其兽多虎、豹、犀、兕。有鸟焉，其状如翟②而五采文，名曰鸾鸟③，见则天下安宁。

注译

① 【石涅】：即石墨。
② 【翟】：音敌。即长尾雉，又名山鸡。
③ 【鸾鸟】：类似凤凰的吉鸟。

往西南三百里，是女床之山，山的南面多产赤铜，山的北面多产石涅，山中的野兽多是虎、豹、犀、兕。有一种鸟，形状像翟身上却有着五彩的斑纹，名叫鸾鸟，它一出现天下就会安宁太平。

6 又西二百里，曰龙首之山①，其阳多黄金，其阴多铁。苕水出焉，东南流注于泾水，其中多美玉。

注译

① 【龙首之山】：疑即今陕西省陇县与甘肃省华亭县之间的陇山。

再往西二百里，是龙首之山，山的南面多产黄金，山的北面多产铁。苕水从这里发源，向东南流入泾水，其中有很多美玉。

7 又西二百里，曰鹿台之山①，其上多白玉，其下多银，其兽多牛、羬羊、白豪②。有鸟焉，其状如雄鸡而人面，名曰凫③徯，其鸣自叫也，见则有兵。

注译

① 【鹿台之山】：今甘肃省固原县南的六盘山。
② 【白豪】：白色的豪猪。
③ 【凫】：音浮。

再往西二百里，是鹿台之山，山上多产白玉，山下多产银，山中的野兽多是牛、羬羊、白豪。有一种鸟，形状像雄鸡却长着人的脸面，名叫凫徯，它的叫声就是自己名字的读音，它一出现就会有战争。

8 西南二百里，曰鸟危之山，其阳多磬石，其阴多檀、楮，其中多女床①。鸟危之水出焉，西流注于赤水②，其中多丹粟。

注译

① 【女床】：未知何物。郝懿行《山海经笺疏》以为是女肠草，即女菀。吕调阳《五藏山经传》以为"女"的篆文作虎，"它"篆文作虩，二者形近而讹，"女床"当为"它床"，即蛇床，又名蛇

粟、蛇米，伞形科植物，可入药。而我个人则颇疑心它所指的就是女床山中某种物种，因其罕见故而以产地代指。那么最有可能的就是鸾鸟了。

② 【赤水】：传说中发源于昆仑山的一条东南流向的大河，无可指实。

往西南二百里，是鸟危之山，山的南面多产磬石，山的北面多是檀树和楮树，山中多有女床。鸟危之水从这里发源，向西流入赤水，其中多有丹砂。

❾ 又西四百里，曰小次之山，其上多白玉，其下多赤铜。有兽焉，其状如猿，而白首赤足，名曰朱厌，见则大兵。

再往西四百里，是小次之山，山上多产白玉，山下多产赤铜。有一种野兽，形状像猿猴，白色的头、红色的脚，名叫朱厌，它一出现就会有大的战事。

❿ 又西三百里，曰大次之山，其阳多垩①，其阴多碧，其兽多㸰牛、麢羊。

注译

① 【垩】：垩有泛指、专指两种。专指即我们通常所说的"白垩"，泛指则指一切可以用来涂饰的土，不单是白色。

再往西三百里，是大次之山，山的南面多产垩土，山的北面多产碧玉，山中的野兽多是㸰牛、麢羊。

⓫ 又西四百里，曰薰吴之山，无草木，多金玉。

再往西四百里，是薰吴之山，山上没有草木，多产金、玉。

⓬ 又西四百里，曰厎①阳之山，其木多椶②、楠、豫章③，其兽多犀、兕、虎、豹④、㸰牛。

注译

① 【厎阳之山】：厎，原作"厈"，据郝懿行校改，音旨。旨、枝音近，则厎阳或即枝阳。枝阳在今甘肃省兰州市西北。

② 【椶】：树名，即水松。

③ 【豫章】：即樟树。

④ 【豹】：音卓，野兽名。

再往西四百里，是厎阳之山，山中的树木多是水松、楠树、樟树，山中的野兽多是牛、兕、虎、豹、㸰牛。

⑬ 又西二百五十里，曰众兽之山，其上多琈珸之玉，其下多檀、楮，多黄金，其兽多犀、兕。

再往西二百五十里，是众兽之山，山上多琈珸之玉，山下多檀树和楮树，多有黄金，山中的野兽多是犀、兕。

⑭ 又西五百里，曰皇人之山，其上多金玉，其下多青雄黄。皇水出焉，西流注于赤水，其中多丹粟。

再往西五百里，是皇人之山，山上多产金、玉，山下多产青雄黄。皇水从这里发源，向西流入赤水，其中有很多丹砂。

⑮ 又西三百里，曰中皇之山，其上多黄金，其下多蕙棠①。

注译

① 【蕙棠】：即棠梨，一名甘棠，俗称野梨。

再往西三百里，是中皇之山，山上多产黄金，山下多有蕙棠。

⑯ 又西三百五十里，曰西皇之山，其阳多金，其阴多铁，其兽多麋、鹿、牦牛。

再往西三百五十里，是西皇之山，山的南面多产金，山的北面多产铁，山中的野兽多是麋、鹿、牦牛。

⑰ 又西三百五十里，曰莱山，其木多檀、楮，其鸟多罗罗，是食人。

再往西三百五十里，是莱山，山中的树木多是檀树和楮树，山中的鸟多是罗罗鸟，它是能吃人的。

⑱ 凡《西次二经》之首，自钤山至于莱山，凡十七山，四千一百四十里。其十神者，皆人面而马身。其七神皆人面牛身，四足而一臂，操杖以行：是为飞兽之神；其祠之，毛用少牢①，白菅为席。其十辈②神者，其祠之，毛一雄鸡，钤而不糈③；毛采④。

注译

①【少牢】：祭祀中只用猪羊谓之少牢。参见《西次一经》"太牢"注。

②【辈】：辈，类。"其十辈神"，可译作"这十位神"。

③【钤而不糈】：钤，音前。意即祭祀（那十位神）不用精米。

④【毛采】：指祭祀人面马身的十位神时，用的是杂色的公鸡。

  总计《西次二经》这组山，自钤山到莱山，一共十七座，行经四千一百四十里。其中十座山的神，都是人的面孔、马的身子。另外七座山的神都是人的面孔、牛的身子，四只脚和一条手臂，拄着拐杖行走，这就是所谓的飞兽之神。祭祀这七位山神，毛物用少牢，用白茅草编的席子。另外那十位山神，祭祀它们的典礼，毛物用一只公鸡，祭祀时不用米；鸡的毛色要杂。

西次三经

❶《西次三经》之首，曰崇吾之山①，在河之南，北望冢遂，南望瑶②之泽，西望帝之搏兽之丘，东望蜗③渊。有木焉，员叶而白柎④，赤华而黑理，其实如枳⑤，食之宜子孙。有兽焉，其状如禺而文臂，豹虎⑥而善投，名曰举父。有鸟焉，其状如凫，而一翼一目，相得乃飞，名曰蛮蛮⑦，见则天下大水。

注译

① 【崇吾之山】：约是今甘肃景泰以东、宁夏中宁以西、黄河南岸某山。

② 【瑶】：音油。

③ 【蜗】：音烟。

④ 【柎】：音夫。花萼。

⑤ 【枳】：音旨。树名，也叫枸橘。

⑥ 【豹虎】：据文意，"虎"当作"尾"，形近而讹。

⑦ 【蛮蛮】：郭璞《山海经传》云："比翼鸟也，色青赤，不比不能飞，《尔雅》作鹣鹣鸟也。"《尔雅·释地》云："南方有比翼鸟焉，不比不飞，其名谓之鹣鹣。"比翼鸟向来被视为祥瑞，《宋书·符瑞志》云："王者德及高远则至。"《史记·封禅书》云："东海致比目之鱼，西海致比翼之鸟，然后物有不召而自至者十有五焉。"但此处的蛮蛮却是水灾前的凶兆，未审何故。马昌仪《古本山海经图说》认为是比翼鸟的原始形态，但也只是推断之词而已。

　　《西次三经》这组山第一座叫崇吾之山，位于河的南岸，向北可以望见冢遂，向南可以望见瑶之泽，向西可以望见天帝的搏兽之丘，向东可以望见蜗渊。有一种树，圆形的叶子，白色的花萼，红色的花，黑色的纹理，结的果像枳，人吃了它可以子孙繁盛。有一种野兽，形状像禺但臂上有花纹，长着豹子的尾巴，擅长投掷，名叫举父。有一种鸟，形状像凫，但只有一只翅膀和一只眼睛，要两只鸟在一起才能飞，名叫蛮蛮，它一出现天下就会发生水灾。

❷ 西北三百里，曰长沙之山。泚①水出焉，北流注于泑水②，无草木，多青雄黄。

注译

① 【泚】：音此。

② 【泑水】：泑，音优。有可能是今天的石羊河。

　　西北三百里，是长沙之山。泚水从这里发源，向北流入泑水，山上没有草木，多产青雄黄。

❸ 又西北三百七十里，曰不周之山①。北望诸毗之山，临彼岳崇之山，东望泑泽②，河水所潜也，其原浑浑泡泡③。爰有嘉果，其实如桃，其叶如枣，黄华而

赤柎，食之不劳。

注译

① 【不周之山】：山形有缺而不周闭者。此处应当是一处山口。约是今甘肃省天祝藏族自治县境内的毛毛山。

② 【泑泽】：此处的泑泽与上处的泑水应当都是泛指。这里指的可能是毛毛山附近沙漠中的一个大盐池。

③ 【浑浑泡泡】：浑，通"滚"。大水涌流的样子。

　　再往西北三百七十里，是不周之山。向北可以望见诸毗之山，紧邻岳崇之山，向东可以望见泑泽，是河水潜入地下的地方，其源头之水喷涌而出。这里有一种很好的果树，果实像桃子，叶子像枣树，黄色的花朵，红色的花萼，人吃了它就能没有烦恼和疲劳。

❹ 又西北四百二十里，曰崇山①，其上多丹木，员叶而赤茎，黄华而赤实，其味如饴，食之不饥。丹水出焉，西流注于稷泽，其中多白玉，是有玉膏，其原沸沸汤汤②，黄帝是食是飨。是生玄玉。玉膏所出，以灌丹木。丹木五岁，五色乃清，五味乃馨。黄帝乃取崇山之玉荣③，而投之钟山之阳。瑾瑜之玉为良④，坚粟精密⑤，浊泽⑥而有光。五色发作，以和柔刚。天地鬼神，是食是飨；君子服⑦之，以御不祥。自崇山至于钟山，四百六十里⑧，其间尽泽也。是多奇鸟、怪兽、奇鱼，皆异物焉。

注译

① 【崇山】：崇，音秘。即密山。崇和密古字相通。

② 【沸沸汤汤】：汤，音商。水腾涌的样子。

③ 【玉荣】：玉最精粹的部分。

④ 【瑾瑜之玉为良】：意思是说瑾瑜是玉中最好的。

⑤ 【坚粟精密】：意思是说瑾瑜这种玉纹理坚实细密。

⑥ 【浊泽】：厚重而又润泽。

⑦ 【服】：佩带。

⑧ 【四百六十里】：与下文的四百二十里不合，则此处所指的当是泽湖的大小，而不是崇山与钟山之间的距离。

　　再往西北四百二十里，是崇山，山上多丹木，圆形的叶子、红色的茎，黄色的花、红色的果，味道像饴糖，人吃了它就不会感觉饥饿。丹水从这里发源，向西流入稷泽，其中有很多白玉，这里有玉膏，玉膏从它的源头涌出时如同沸腾了一般，黄帝将其作为食品和祭品。这里还出产玄玉。玉膏涌出，用来浇灌丹木，过了五年，便会拥有清亮的五色，发出馥郁的味。于是黄帝采撷崇山中玉石的精华，投放到钟山的南面。于是便生出玉中最好的瑾瑜，它的纹理坚实细密，厚重润泽而有光泽。五彩焕发，调和刚柔。天地鬼神都会服食享用，可以用作它们的祭品；君子佩带它，可以抵御各种不祥灾祸。从崇山到钟山其间四百六十里都是水泽。这里有很多奇鸟、怪兽、奇鱼，都是罕见的怪物。

❺ 又西北四百二十里，曰钟山，其子^①曰鼓，其状如人面而龙身，是与钦䲹^②杀葆江^③于昆仑之阳，帝乃戮之钟山之东曰崒崖，钦䲹化为大鹗^④，其状如雕而黑文白首，赤喙而虎爪，其音如晨鹄，见则有大兵；鼓亦化为鵔^⑤鸟，其状如鸱，赤足而直喙，黄文而白首，其音如鹄^⑥，见则其邑大旱。

注译

① 【其子】："其子"指的是钟山的山神，被称作"钟山之子"，而不是指山神的儿子，郭璞《山海经传》云："此亦神，名之为钟山之子耳。"
② 【钦䲹】：䲹，音皮。
③ 【葆江】：天神名。
④ 【鹗】：音厄。即鱼鹰，属猛禽的一种。
⑤ 【鵔】：音俊。古籍中有"鵔鸃"，即锦鸡。
⑥ 【鹄】：鸿鹄，即天鹅。

再往西北四百二十里，是钟山。它的山神叫鼓，它的形貌是人的面孔、龙的身子，他曾与钦䲹一起在昆仑山南面杀了葆江，天帝因此在钟山东边的崒崖将它们诛杀。钦䲹化为一只大鹗，形状像雕，黑色的斑纹和白色的头，红色的嘴和老虎一样的爪子，它的叫声像晨鹄鸣叫，一出现就会有大的战争；鼓也化为鵔鸟，它的形状像鸱，红色的脚和直的嘴，黄色的斑纹和白色的头，它的声音像鸿鹄，它在哪里出现哪里就会有旱灾。

❻ 又西百八十里，曰泰器之山。观水^①出焉，西流注于流沙。是多文鳐鱼^②，状如鲤鱼，鱼身而鸟翼，苍文而白首赤喙，常行西海，游于东海，以夜飞。其音如鸾鸡，其味酸甘，食之已狂，见则天下大穰^③。

注译

① 【观水】：观，音灌。
② 【文鳐鱼】：鳐，音尧。
③ 【穰】：音瓤。丰收。

再往西一百八十里，是泰器之山。观水从这里发源，向西流入流沙。这里有很多文鳐鱼，形状像鲤鱼，鱼的身子却长着鸟的翅膀，青黑色的斑纹，白色的头，红色的嘴，常从西海游到东海，在夜里飞行。它的声音像鸾鸡，肉的味道酸中带甜，吃了可以治好癫狂，它一出现天下就会大丰收。

7 又西三百二十里，曰槐江之山。丘时之水出焉，而北流注于泑水①。其中多嬴母②，其上多青雄黄，多藏琅玕③、黄金、玉，其阳多丹粟，其阴多采黄金银。实惟帝之平圃，神英招④司之，其状马身而人面，虎文而鸟翼，徇⑤于四海，其音如榴⑥。南望昆仑，其光熊熊，其气魂魂。西望大泽，后稷所潜也；其中多玉，其阴多榣木之有若⑦。北望诸毗，槐鬼离仑⑧居之，鹰鹯⑨之所宅也。东望恒山⑩四成⑪，有穷鬼⑫居之，各在一搏⑬。爰有淫水，其清洛洛。有天神⑭焉，其状如牛，而八足二首马尾，其音如勃皇⑮，见则其邑有兵。

注译

① 【泑水】：可能指今额济内河。

② 【嬴母】：嬴，音罗，即螺。

③ 【多藏琅玕】：藏，音脏。古字作"臧"，善、好之意。琅玕，音郎干。像圆珠的玉石。

④ 【英招】：招，音勺。神名。

⑤ 【徇】：环绕，周行。

⑥ 【榴】：象声词。类似于辘轳声。

⑦ 【榣木之有若】：榣，音尧。榣木，大木。"之有若"，是说榣木之上复生若木。若木，大木之奇灵者。

⑧ 【槐鬼离仑】：离仑，槐江之山的山神。古时鬼、神偶尔可以通用，如《九歌》中的《山鬼》，所描写的实乃山神。

⑨ 【鹯】：音沾。猛禽名。又名晨风。

⑩ 【恒山】：此恒山不是今天的北岳恒山，未详何山。

⑪ 【四成】：四重。

⑫ 【有穷鬼】：神名。

⑬ 【搏】：泛指山的四方，山中的众小神分住在山的四周，有穷是它们共用的名号。

⑭ 【天神】：据下文"见则其邑有兵"一语可判定，这个"天神"既不是泑水之神，也不是槐江之山的山神。而应是泑水中的一种动物，或曰怪物。据《山经》通例，但凡云"见则……有……"者，基本上都是动物或怪物，而非鬼神。而且"其状如牛，而八足二首马尾"也与"状皆羊身人面"相矛盾。更何况《山经》中所讲的"神"都是神守诸侯，而并非神仙呢？

⑮ 【勃皇】：即金龟子。

再往西三百二十里，是槐江之山。丘时之水从这里发源，向北流入泑水。其中有很多嬴母，山上多产青雄黄，多产上好的琅玕、黄金、玉石，山的南面多产丹砂，山的北面多产有符彩的黄金和银。这里是天帝悬在半空的园圃，由英招神主管，它的外形是马的身子而人的面孔，老虎的斑纹和鸟的翅膀，能周游巡视四海，它的声音像榴。向南可以望见昆仑，那里光焰炽盛，气魄恢宏。向西可以望见大泽，是后稷所葬之地。其中多产玉。山的北面多有榣木，上面又长有若木。向北可以望见诸毗，槐鬼离仑住在那里，鹰、鹯也栖息在那里。向东可以望见四重的恒山，有穷鬼们分别住在山的四周。这里有淫水，清澈流淌。有一个天神，它的外形像牛，八只脚、两个头，长着马的尾巴，他的声音像勃皇，它在哪里出现哪里就会有战争。

❽ 西南四百里，曰昆仑之丘^①，是实惟帝之下都^②，神陆吾司之^③。其神状虎身而九尾，人面而虎爪；是神也，司天之九部及帝之囿时。有兽焉，其状如羊而四角，名曰土蝼，是食人。有鸟焉，其状如蜂，大如鸳鸯，名曰钦原，蠚^④鸟兽则死，蠚木则枯。有鸟焉，其名曰鹑鸟^⑤，是司帝之百服。有木焉，其状如棠，黄华赤实，其味如李而无核，名曰沙棠，可以御水，食之使人不溺。有草焉，名曰薲草^⑥，其状如葵，其味如葱，食之已劳^⑦。河水出焉，而南流东注于无达。赤水出焉，而东南流注于汜天之水^⑧。洋水出焉，而西南流注于丑涂之水。黑水出焉，而西流于大杅^⑨。是多怪鸟兽。

注译

① 【昆仑之丘】：当即今甘肃南裕固族自治县西北甘青界上的祁连山主峰。下文所说的"河水"即今黑河在祁连山南一段，"赤水"即今大通河，"洋水"指拖来河，"黑水"指疏勒河。

② 【是实惟帝之下都】：天帝在下界的都邑，昆仑山是天帝出入的通道，故有此说。

③ 【神陆吾司之】：陆吾乃昆仑山山神，守卫天帝在人间的都邑，掌管天上九域的部界及天帝苑圃的时节，即下文的"司天之九部及帝之囿时"。

④ 【蠚】：音辙。蜇。

⑤ 【鹑鸟】：即赤凤。

⑥ 【薲草】：薲，音频，后多作"萍"或"苹"。这里特指草名。

⑦ 【食之已劳】：已劳，即已忧。

⑧ 【汜天之水】：汜，音范。

⑨ 【大杅】：山名。杅，音余。

往西南四百里，是昆仑之丘，这里是天帝在下界的都邑，陆吾神管理这里。这个神的外形是老虎的身子，有九条尾巴，人的面孔，老虎的爪子；这个神掌管天上的九部和天帝苑圃的时节。有一种野兽，形状像羊，长着四只角，名叫土蝼，能吃人。有一种鸟，形状像蜂，大小和鸳鸯一样，名叫钦原，鸟兽被它蜇了会死，树木被它蜇了会枯死。有一种鸟，它名叫鹑鸟，掌管天帝的各种器用服饰。有一种树，形状像棠，黄色的花，红色的果，味道像李子却没有核，名叫沙棠，可以防水，人吃了就不会溺水。有一种草，名叫薲草，形状像葵菜，味道像葱，人吃了可以消除疲劳和烦恼。河水从这里发源，然后向南流入无达。赤水发源于这里，向东南流入汜天之水。洋水发源于这里，向西南流入丑涂之水。黑水发源于这里，向西流到大杅。这里有许多奇怪的鸟兽。

❾ 又西三百七十里，曰乐游之山。桃水出焉，西流注于稷泽，是多白玉。其中多鳛鱼①，其状如蛇而四足，是食鱼。

注译

①【鳛鱼】：鳛，音华。

再往西三百七十里，是乐游之山。桃水从这里发源，向西流入稷泽，这里多有白玉。水中多有鳛鱼，它的形状像蛇却长着四只脚，能吃鱼。

❿ 西水行四百里，曰流沙，二百里至于蠃母之山，神长乘司之，是天之九德①也。其神状如人而犳②尾。其上多玉，其下多青石而无水。

注译

①【是天之九德】：是说长乘所司的职权，即德化万方。正与神守诸侯"纲纪天下"相符。胡文辉《<山海经>劄记》云，当据例补"司"字于"是"之后，其说可从。九德本非确指，因而各书的说法也不尽相同。
②【犳】：音卓。

沿水西行四百里是流沙，再行二百里就到了蠃母之山，长乘神掌管这里，他的职责是德化万方。这个神的外形像人却长着犳的尾巴。山上多产玉，山下多是青石，但没有水。

⓫ 又西三百五十里，曰玉山①，是西王母所居也。西王母其状如人，豹尾虎齿而善啸，蓬发戴胜，是司天之厉及五残②。有兽焉，其状如犬而豹文，其角如牛，其名曰狡，其音如吠犬，见则其国大穰。有鸟焉，其状如翟而赤，名曰胜遇③，是食鱼，其音如录，见则其国大水。

注译

①【玉山】：即《穆天子传》中的"群玉之山"，因为其山多玉石，故名。
②【司天之厉及五残】：主管上天的灾厉和五刑残杀之气。
③【胜遇】：胜，音庆。"胜"不是"勝"的简化字。

再往西三百五十里，是玉山，这里是西王母居住的地方。西王母的外形和人一样，却长着豹子的尾巴和老虎的牙齿，善于长啸，蓬乱的头发上戴着玉胜，它主管上天的灾厉和五刑残杀之气。有一种野兽，形状像狗却长着豹子的花纹，角像牛角，名叫狡，它的叫声像狗叫，它在哪里出现哪个国家就会大丰收。有一种鸟，形状像翟但是红色的，名叫胜遇，能吃鱼，它的叫声像录，它一出现那个国家就会发生水灾。

⑫ 又西四百八十里，曰轩辕之丘，无草木。洵水出焉，南流注于黑水，其中多丹粟，多青雄黄。

再往西四百八十里，是轩辕之丘，这里没有草木。洵水从这里发源，向南流入黑水，其中有很多丹砂，多产青雄黄。

⑬ 又西三百里，曰积石之山，其下有石门，河水冒①以西流。是山也，万物无不有焉。

注译

① 【冒】：覆盖、笼罩之意。

再往西三百里，是积石之山，山下有石门，河水漫过它向西流去。这座山，上面什么都有。

⑭ 又西二百里，曰长留之山，其神白帝少昊①居之。其兽皆文尾，其鸟皆文首。是多文玉石。实惟员神魄②氏之宫。是神也，主司反景③。

注译

① 【白帝少昊】：郭璞《山海经传》云："少昊金天氏，帝挚之号也。"少昊本是古东夷族的首领，后来汉代以五德终始说改造上古史时，便将少昊拉来充数，找出一个"金天氏"的名号冠上，以补齐汉朝所需的火德。而将帝挚拉去凑齐他们需要的所谓"闰统"。此问题十分复杂，可参看顾颉刚先生的《秦汉的方士与儒生》和《中国上古史研究讲义》二书。但其称白帝却始于五帝祭祀，金属西，故秦人"自以为主少皞之神"。则此处之"其神白帝少昊居之"恐系秦人或汉人所加。则此山的山神当是员神魄氏，而与少昊无关。
② 【魄】：音尾。
③ 【反景】：景，通影。夕阳返照。

再往西二百里，是长留之山，白帝少昊居住在这里。这里的野兽尾巴上都有花纹，这里的鸟脑袋上都有花纹。山上多产有花纹的玉石。这里是员神魄氏的宫殿。这个神，主要掌管夕阳时阳光的反影。

⑮ 又西二百八十里，曰章莪①之山，无草木，多瑶碧②。所为甚怪③。有兽焉，其状如赤豹，五尾一角，其音如击石，其名曰猙。有鸟焉，其状如鹤，一足，赤文青质而白喙，名曰毕方，其鸣自叫也，见则其邑有讹火④。

注译

① 【莪】：音俄。

② 【瑶碧】：碧色的玛瑙。

③ 【所为甚怪】：多有奇怪非常之物。

④ 【讹火】：怪异的火灾。

再往西二百八十里，是章莪之山，没有草木，多产瑶碧。山里有许多奇怪的东西。有一种野兽，形状像赤豹，五条尾巴、一只角，它的声音像敲击石头，它名叫狰。有一种鸟，形状像鹤，一只脚，红色的花纹，青色的身子，白色的嘴巴，名叫毕方，它的叫声就是自己名字的读音，它一出现那个地方就会有怪火。

⑯ 又西三百里，曰阴山。浊浴之水出焉，而南流注于蕃泽，其中多文贝。有兽焉，其状如狸而白首，名曰天狗，其音如榴榴，可以御凶。

再往西三百里，是阴山。浊浴之水从这里发源，然后向南流入蕃泽，其中有很多文贝。有一种野兽，它的形状像狸猫却是白色的头，名叫天狗，它的叫声像榴榴，人养它可以防御凶事。

⑰ 又西二百里，曰符惕之山①，其上多棕、楠，下多金玉，神江疑居之。是山也，多怪雨，风云之所出也。

注译

① 【符惕之山】：惕，音羊。

再往西二百里，是符惕之山，山上多是棕树和楠树，山下多产金、玉。江疑神住在这里。这座山，经常下怪雨，是风和云兴起的地方。

⑱ 又西二百二十里，曰三危之山①，三青鸟②居之。是山也，广员③百里。其上有兽焉，其状如牛，白身四角，其豪如披蓑，其名曰徼洇④，是食人。有鸟焉，一首而三身，其状如鸫⑤，其名曰鸱。

注译

① 【三危之山】：在积石山与黑水之间。

② 【三青鸟】：为西王母取食的鸟。

③ 【广员】：员，周围。广狭称幅，周围称员，故以幅员代指疆域。

④ 【徼洇】：洇，音耶。

⑤【鸮】：音洛。似雕，黑文赤颈。

再往西二百二十里，是三危之山，三青鸟住在这里。这座山，方圆百里。山上有一种野兽，形状像牛，白色的身子，四只角，身上的硬毛像披着蓑衣，它名叫徼徊，能吃人。有一种鸟，长着一个脑袋和三个身子，形状像鸮，它名叫鸱。

⑲ 又西一百九十里，曰骢山①，其上多玉而无石。神耆童②居之，其音常如钟磬。其下多积蛇③。

注译

①【骢山】：骢，音归。
②【耆童】：骢山山神，即老童，颛顼之子。
③【积蛇】：成堆的蛇，说明蛇多。

再往西一百九十里，是骢山，山上多产玉而没有石头。耆童神住在这里，他的声音常像是钟磬一般。山下多有盘积的蛇。

⑳ 又西三百五十里，曰天山①，多金玉，有青雄黄。英水出焉，而西南流注于汤谷②。有神焉，其状如黄囊，赤如丹火，六足四翼，浑敦无面目，是识歌舞，实为帝江③也。

注译

①【天山】：今甘肃张掖县西南的祁连山，错简至此。
②【汤谷】：有温泉的山谷。与《海外东经》及《大荒东经》中的汤谷不同。《海经》中的汤谷即旸谷、阳谷，是传说中的日出之所。
③【帝江】：江，音鸿。

再往西三百五十里，是天山，山上多产金、玉，也有青雄黄。英水从这里发源，向西南流入汤谷。有一个神，外形像黄色的口袋，发出红如丹火的光，六只脚、四只翅膀，脸上混沌一片没有面孔，但却能歌善舞，它原本是帝江。

㉑ 又西二百九十里，曰泑山，神蓐收①居之。其上多婴短之玉②，其阳多瑾瑜之玉，其阴多青雄黄。是山也，西望日之所入，其气员③，神红光之所司也。

注译

①【蓐收】：蓐，音入。

②【婴短之玉】：即上文羭次之山所记的婴垣之玉。江绍原认为垣、短均是脰字之误。婴脰之玉，即作为颈部装饰的玉。

③【其气员】：当作"其气员员"，"员员"即"魄魄"，旺盛炽烈的样子。

再往西二百九十里，是泑山，蓐收神住在这里。山上多产婴短之玉，山南面多产瑾瑜这类美玉，山北面多产青雄黄。这座山，向西可以望见日落的地方，那里气象炽盛，是由红光神所掌管。

㉒ 西水行百里，至于翼望之山①，无草木，多金玉。有兽焉，其状如狸，一目而三尾，名曰讙②，其音如夺百声③，是可以御凶，服之已瘅④。有鸟焉，其状如乌，三首六尾而善笑，名曰鸰鹕⑤，服之使人不厌⑥，又可以御凶。

注译

①【翼望之山】：今新疆阿尔金山脉某山。

②【讙】：音欢。

③【其音如夺百声】："夺百"当作"夺百"，可能是拟声词。

④【瘅】：音胆。通"疸"，黄疸病。

⑤【鸰鹕】：鸰，音奇。鹕，音图。

⑥【厌】：音演。"魇"的古字。

沿水路西行一百，就到了翼望之山，这里没有草木，多产金、玉。有一种野兽，形状像狸猫，一只眼睛，三条尾巴，名叫讙，它的声音像是"夺百"一样，饲养它可以防御凶事，吃了它可以治好黄疸病。有一种鸟，形状像乌鸦，长着三个头、六条尾巴而且喜欢笑，名叫鸰鹕，人吃了它就不会梦魇，还可以用它防御凶事。

㉓ 凡《西次三经》之首，崇吾之山①至于翼望之山，凡二十三山，六千七百四十四里②。其神状皆羊身人面。其祠之礼，用一吉玉瘗，糈用稷米。

注译

①【崇吾之山】：依《山经》通例，"崇"上当脱一"自"字。

②【六千七百四十四里】：各山里距相加得六千七百四十里，较结语少四里。且各山间距没有个位数的里程，故此"四"字疑衍。

《西次三经》这组山，从崇吾之山到翼望之山，一共二十三座，行经六千七百四十四里。各山神的外形都是羊的身子、人的面孔。祭祀它们的典礼，把一块吉玉埋入地下，祀神的精米用稷米。

西次四经

① 《西次四经》之首曰阴山①，上多穀，无石，其草多茆②、蕃③。阴水出焉，西流注于洛。

注译

① 【阴山】：在今陕西黄龙县北。
② 【茆】：音卯。莼菜，又名凫葵。
③ 【蕃】：音烦。即青蕃，似莎草而大。

《西次四经》这组山第一座叫阴山，山上多构树，没有石头，这里的草多是莼菜、青蕃。阴水从这里发源，向西流入洛水。

② 北五十里，曰劳山，多茈草①。弱水出焉，而西流注于洛。

注译

① 【茈草】：茈，音子。此处指草名，即紫草。

往北五十里，是劳山，山上多有紫草。弱水从这里发源，然后向西流入洛水。

③ 西五十里，曰罢父之山。洱水出焉，而西流注于洛，其中多茈①、碧。

注译

① 【茈】：此处指紫色石。章鸿钊以为即紫石英。

往西五十里，是罢父之山，洱水从这里发源，向西流入洛水，水中多产紫石、青碧。

④ 北百七十里，曰申山，其上多穀、柞，其下多杻、檀，其阳多金、玉。区水①出焉，而东流注于河。

注译

① 【区水】：区，音欧。疑即今陕北延河。

往北一百七十里，是申山，山上多是构树和柞树，山下多是杻树和檀树，山的南面多产金、玉。区水从这里发源，向东流入河。

⑤ 北二百里，曰鸟山，其上多桑，其下多楮，其阴多铁，其阳多玉。辱水出焉，而东流注于河。

往北二百里，是鸟山，山上多桑树，山下多楮树，山的北面多产铁，山的南面多产玉。辱水从这里发源，向东流入河。

6 又北百二十里，曰上申之山，上无草木，而多硌石^①，下多榛、楛^②，兽多白鹿^③。其鸟多当扈，其状如雉，以其髯^④飞，食之不眴目^⑤。汤水出焉，东流注于河。

注译

① 【硌石】：硌，音洛。大石。
② 【榛、楛】：榛，音真，树木名。楛，音户，树木名。
③ 【白鹿】：古人以为是吉瑞之兽。
④ 【髯】：这里指的是鸟咽下的须毛。
⑤ 【眴目】：眴，音炫。即炫目，头晕眼花。

再往北一百二十里，是上申之山，山上没有草木，但多有大石，山下多榛树和楛树，野兽多是白鹿。山里的鸟多是当扈，它的形状像雉鸡，用脖子下的毛来飞行，人吃了它就能不目眩。汤水从这里发源，向东流入河。

7 又北百八十里，曰诸次之山^①，诸次之水^②出焉，而东流注于河。是山也，多木无草，鸟兽莫居，是多众蛇^③。

注译

① 【诸次之山】：可能在今陕西省榆林县北。
② 【诸次之水】：或即今陕西榆阳区境内的佳芦河的源头。
③ 【众蛇】：当作"象蛇"，鸟名，见《北山经》。

再往北一百八十里，是诸次之山，诸次之水从这里发源，向东流入河。这座山，多生树木却不长草，鸟兽都不在这里栖息，但有象蛇。

8 又北百八十里，曰号山^①，其木多漆、棕，其草多药、蘽、芎䓖^②。多泠石^③。端水出焉，而东流注于河。

注译

① 【号山】：当在今陕西省佳县之北。
② 【药、蘽、芎䓖】：蘽，音萧。芎，音匈。䓖，音穷。药，白芷的别名。蘽，也指白芷。芎䓖，即川芎。

③【泠石】：泠，音干，矿石名，柔软如泥。古人用作黑色染料。

再往北一百八十里，是号山，山上的树多是漆树、棕树，山中的草多是白芷、蘦草、芎䓖。多产泠石。端水从这里发源，向东流入河。

⑨ 又北二百二十里，曰盂山，其阴多铁，其阳多铜，其兽多白狼①、白虎②，其鸟多白雉、白翟③。生水出焉，而东流注于河。

注译

①【白狼】：瑞兽，王者仁德明哲则见。
②【白虎】：瑞兽，王者仁而善，不暴则见。
③【白雉、白翟】：此二者一物而二种。

再往北二百二十里，是盂山，山的北面多产铁，山的南面多产铜，山中的野兽多是白狼、白虎，山中的鸟多是白雉、白翟。生水从这里发源，向东流入河。

⑩ 西二百五十里，曰白於之山①，上多松、柏，下多栎、檀，其兽多牦牛、羬羊，其鸟多鸮②。洛水出于其阳，而东流注于渭；夹水出于其阴，东流注于生水。

注译

①【白於之山】：疑即今陕西省北部和内蒙古自治区南部边界的白于山。
②【鸮】：音萧。通"枭"。

往西二百五十里，是白於之山，山上多松树和柏树，山下多栎树和檀树，山中的野兽多是牦牛、羬羊，山中的鸟多是鸮。洛水发源于它的南面，向东流入渭水；夹水发源于它的北面，向东流入生水。

⑪ 西北三百里，曰申首之山，无草木，冬夏有雪。申水出于其上，潜于其下，是多白玉。

往西北三百里，是申首之山，没有草木，冬季、夏季都有雪。申水在山上发源，而后潜流到山下，这里多产白玉。

⑫ 又西五十五里，曰泾谷之山①，泾水出焉，东南流注于渭，是多白金、白玉。

注译

① 【泾谷之山】：在今甘肃省天水县东南。

再往西五十五里，是泾谷之山，泾水从这里发源，向东南流入渭水，这里多出产白金、白玉。

⑬ 又西百二十里，曰刚山，多柒木①，多琈珸之玉。刚水出焉，北流注于渭。是多神魓②，其状人面兽身，一足一手，其音如钦③。

注译

① 【柒木】：即漆树。
② 【魓】：音赤。此处所指的似乎是刚山的山神，但又云"多"，则知又是一名"神"的动物或怪物。与前文槐江之山的"天神"相同。
③ 【钦】：音银。通"吟"，呻吟、叹息。

再往西一百二十里，是刚山，多有漆树，多产琈珸之玉。刚水从这里发源，向北流入渭水。这里有很多神魓，它的形状是人的面孔、野兽的身子，一只脚一只手，它的声音像人呻吟叹息。

⑭ 又西二百里，至刚山之尾，洛水出焉，而北流注于河。其中多蛮蛮，其状鼠身而鳖首，其音如吠犬。

再往西二百里，到了刚山的尾端。洛水在这里发源，向北流入河。这里有很多蛮蛮，它的形状是老鼠的身体、甲鱼的脑袋，它的叫声像狗叫。

⑮ 又西三百五十里，曰英鞮①之山，上多漆木，下多金玉，鸟兽尽白。涴水出焉，而北流注于陵羊之泽。是多冉遗②之鱼，鱼身蛇首六足，其目如马耳，食之使人不眯③，可以御凶。

注译

① 【鞮】：音低。
② 【遗】：音位。
③ 【眯】：音密。梦魇。

再往西三百五十里，是英鞮之山，山上多漆树，山下多产金、玉，鸟兽都是白色的。涴水从这里发源，向北流入陵羊之泽。这里有很多冉遗鱼，长着鱼的身子、蛇的头、六只脚，它的眼睛像马耳朵，人吃了它可以不梦魇，也可以防御凶事。

16 又西三百里，曰中曲之山，其阳多玉，其阴多雄黄、白玉及金。有兽焉，其状如马而白身黑尾，一角，虎牙爪，音如鼓音，其名曰䮝^①，是食虎豹，可以御兵^②。有木焉，其状如棠，而员叶赤实，实大如木瓜，名曰櫰木^③，食之多力。

注译

① 【䮝】：音驳。
② 【可以御兵】：蓄养䮝抵御刀兵之灾。
③ 【櫰木】：櫰，音淮。与槐木同类。

再往西三百里，是中曲之山，山的南面多产玉石，山的北面多产雄黄、白玉和金属矿物。有一种野兽，它的形状像马却是白色的身子和黑尾巴，一只角，老虎的牙和爪子，叫声像敲鼓，它名叫䮝，能吃虎豹，饲养它可以抵御刀兵之灾。有一种树，形状像棠，圆形的叶子、红色的果，果实大小像木瓜，名叫櫰木，吃了它可以增加力气。

17 又西二百六十里，曰邽^①山。其上有兽焉，其状如牛，猬毛，名曰穷奇，音如獆狗，是食人。濛水出焉，南流注于洋水，其中多黄贝，蠃鱼^②，鱼身而鸟翼，音如鸳鸯，见则其邑大水。

注译

① 【邽】：音归。
② 【蠃鱼】：蠃，音罗。

再往西二百六十里，是邽山。山上有一种野兽，形状像牛，长着刺猬的毛，名叫穷奇，叫声像獆狗，能吃人。濛水从这里发源，向南流入洋水，其中有很多黄贝，还有蠃鱼，长着鱼的身子、鸟的翅膀，叫声像鸳鸯，出现在哪里哪里就会有水灾。

18 又西二百二十里，曰鸟鼠同穴之山^①，其上多白虎、白玉。渭水出焉，而东流注于河。其中多鰠^②鱼，其状如鳣鱼^③，动则其邑有大兵。滥水^④出于其西，西流注于汉水。多𪓰鮑^⑤之鱼，其状如覆铫，鸟首而鱼翼鱼尾，音如磬石之声，是生珠玉。

注译

① 【鸟鼠同穴之山】：即鸟鼠山。在今甘肃省渭源县西南，秦岭西段主峰之一，渭河发源地。

② 【鰠】：音骚。

③ 【鳣鱼】：鳣，音占。即鲟鳇鱼。

④ 【滥水】：滥，音见。

⑤ 【鰠鮡】：鰠，音如。鮡，音皮。

再往西二百二十里，是鸟鼠同穴之山，山上有很多白虎、白玉。渭水从这里发源，向东流入河。水中多鰠鱼，形状像鳣鱼，在哪里出现哪里就会有大的战争。滥水从山的西面发源，向西流入汉水。水中多鰠鮡鱼，它的形状像扣过来的铫，长着鸟的脑袋、鱼的鳍和尾巴，叫声像磬石，能产珠玉。

⑲ 西南三百六十里，曰崦嵫之山①，其上多丹木，其叶如榖，其实大如瓜，赤符而黑理，食之已瘅，可以御火。其阳多龟，其阴多玉。苕水出焉，而西流注于海，其中多砥砺②。有兽焉，其状马身而鸟翼，人面蛇尾，是好举人，名曰孰湖。有鸟焉，其状如鸮而人面，蜼③身犬尾，其名自号也，见则其邑大旱。

注译

① 【崦嵫之山】：崦，音烟。嵫，音资。

② 【砥砺】：砥，较细软的磨刀石；砺，较粗硬的磨刀石。

③ 【蜼】：音渭。猕猴一类的动物。

向西南三百六十里，是崦嵫之山，山上多生丹树，它的叶子像构树，果实大得像瓜，红色的花萼有黑色的斑纹，吃了它可以治愈黄疸病，还可以用它防火灾。山的南面有很多龟，山的北面多产玉石。苕水从这里发源，向西流入海，水中有很多砥砺。有一种野兽，它的形状是马的身子和鸟的翅膀、人的面孔、蛇的尾巴，喜欢把人举起来，名叫孰湖。有一种鸟，形状像鸮而长着人的面孔、蜼的身子、狗的尾巴，它的叫声就是自己名字的读音，它在哪里出现哪里就会有大旱灾。

⑳ 凡西次四经，自阴山以下，至于崦嵫之山，凡十九山，三千六百八十里。其神祠礼，皆用一白鸡祈。糈以稻米，白菅为席。①

注译

① 案：此段仅书祀神之礼而不载神的样貌，与全书体例不合，疑有脱漏。

《西次四经》这组山，从阴山开始，直到崦嵫之山，一共十九座，行经三千六百八十里。祭祀各山神的典礼，都是用一只白鸡行祈礼，祀神的精米用稻米，用白茅草来编席子。

右西经之山，凡七十七山，一万七千五百一十七里。

右边是西经的众山，一共七十七座山，行程一万七千五百一十七里。

山海经注译卷三

北 山 经

《北山经》所描述的地域范围大致西起今内蒙古、宁夏腾格里沙漠的贺兰山，东抵河北太行山东麓，南起山西中条山，北至内蒙古阴山以北。

❶《北山经》之首，曰单狐之山①，多机木②，其上多华草。逢水出焉，而西流注于泑水，其中多芘石③、文石。

注译

① 【单狐之山】：此山与以下的求如之山、带山均为今贺兰山的一部分。
② 【机木】：即桤树。
③ 【芘石】："芘"当作"茈"。古时以"茈"借"紫"，茈石即紫石。

《北山经》这组山的第一座是单狐之山，多有桤树，山上多花草。逢水从这里发源，向西流入泑水，其中有很多紫石、文石。

❷ 又北二百五十里，曰求如之山，其上多铜，其下多玉，无草木。滑水出焉，而西流注于诸毗之水。其中多滑鱼，其状如鳝①，赤背，其音如梧②，食之已疣。其中多水马，其状如马，文臂③牛尾，其音如呼④。

注译

① 【鳝】：音善。"鳝"的本字，即鳝鱼。
② 【梧】：指琴瑟之类的乐器。古人以梧桐木制作琴瑟，故而此处以梧代指琴瑟。
③ 【臂】：牲畜虫豸的前肢。
④ 【呼】：人的叫喊。

再往北二百五十里，是求如之山，山上多产铜，山下多产玉，没有草木。滑水从这里发源，向西流入诸毗之水。其中有很多滑鱼，形状像鳝鱼，红色的背，叫声像琴瑟之类的乐器，吃了它可以治疣赘。其中还有很多水马，形状像马，前腿上有花纹，有牛一样的尾巴，叫声像人在叫喊。

❸ 又北三百里，曰带山，其上多玉，其下多青碧。有兽焉，其状如马，一角有错①，其名曰臛疏②，可以辟火。有鸟焉，其状如乌，五采而赤文，名曰鹐鸪③，是自为牝牡，食之不疽④。彭水出焉，而西流注于芘湖之水，其中多儵鱼⑤，其状如鸡而赤毛，三尾、六足、四首，其音如鹊，食之可以已忧。

注译

① 【一角有错】：错，"厝"的假借字。

② 【朧疏】：朧，音欢。

③ 【鵸𫛞】：鵸，音奇。𫛞，音图。

④ 【不疽】：疽，音居。局部皮肤肿胀坚硬的毒疮。浮浅为痈，深厚为疽。

⑤ 【鯈鱼】：鯈，音条。怀疑此处的"鯈"是一种水禽，"鱼"字衍。

再往北三百里，是带山，山上多产玉，山下多产青碧。有一种野兽，样子像马，长着磨刀石一般的角，它名叫朧疏，饲养它可以防御火灾。有一种鸟，样子像乌鸦，身子五彩斑斓还有红色的花纹，名叫鵸𫛞，雌雄同体，人吃了它可以不生毒疮。彭水从这里发源，向西流入芘湖之水，其中有很多鯈鱼，形状像鸡，红色的羽毛，三条尾巴、六只脚、四个头，它的叫声像鹊，人吃了它可以没有忧愁。

❹ 又北四百里，曰谯明之山①，谯水出焉，西流注于河。其中多何罗之鱼②，一首而十身，其音如吠犬，食之已痈。有兽焉，其状如狟③而赤豪，其音如榴榴，名曰孟槐，可以御凶。是山也，无草木，多青雄黄。

注译

① 【谯明之山】：此山及以下的涿光之山、虢山、虢山之尾、丹熏之山、石者之山，都是今内蒙古境内卓资山的一部分。

② 【何罗之鱼】：吴任臣《山海经广注》引《异鱼图赞》云："何罗之鱼，十身一首；化而为鸟，其名休旧；窃糈于春，伤陨在白；夜飞曳音，闻雷疾走。"杨慎《山海经补注》云："何罗鱼，今八带鱼也。"八带鱼今属章鱼科。章鱼确实符合"一首而十身"的描述，但二三千年前的内蒙地区会不会有章鱼却也实在成问题。

③ 【狟】：音环。即豪猪。

再往北四百里，是谯明之山。谯水从这里发源，向西流入河。其中有很多何罗之鱼，一个脑袋却有十个身子，叫声像狗叫，人吃了它可以治疗痈肿病。有一种野兽，样子像豪猪，却长着红色的毛，叫声像榴榴，名叫孟槐，饲养它可以防御凶事。这座山，没有草木，多产青雄黄。

❺ 又北三百五十里，曰涿光之山，嚻水出焉，而西流注于河。其中多鰼鰼之鱼①，其状如鹊而十翼，鳞皆在羽端，其音如鹊，可以御火，食之不瘅。其上多松、柏，其下多棕、橿，其兽多麢羊，其鸟多蕃。

注译

① 【鰼鰼之鱼】：鰼，音习。

再往北三百五十里，是涿光之山。嚻水从这里发源，向西流入河。水中生有很多鰼鰼鱼，形状像鹊却长有十只翅膀，鳞都长在羽毛的尖端，叫声像鹊，饲养它可以防止火灾，吃了它可以治疗黄疸病。山上多有松树和柏树，而山下多生棕树和橿树，山中的野兽多是羚羊，山中的鸟多是蕃。

6 又北三百八十里，曰虢山，其上多漆，其下多桐、椐①，其阳多玉，其阴多铁。伊水出焉，西流注于河。其兽多橐驼②，其鸟多寓，状如鼠而鸟翼，其音如羊，可以御兵。

注译

① 【椐】：音居。灵寿木，枝节肿大，可以做拐杖。
② 【橐驼】：橐，音陀。骆驼。

再往北三百八十里，是虢山，山上多是漆树，山下多有梧桐树和椐树，山的南面多产玉石，山的北面多产铁。伊水从这里发源，向西流入河。山中的野兽多是橐驼，山中的鸟多是寓，形状像老鼠却长着鸟的翅膀，它的叫声像羊，饲养它可以抵御刀兵之灾。

7 又北四百里，至于虢山之尾，其上多玉而无石。鱼水出焉，西流注于河，其中多文贝。

再往北四百里，就到了虢山的尾部，山上多产玉但没有石头。鱼水从这里发源，向西流入河水，其中有很多文贝。

8 又北二百里，曰丹熏之山，其上多樗、柏，其草多韭、䪥①，多丹雘。熏水出焉，而西流注于棠水。有兽焉，其状如鼠，而菟首麋身，其音如獋犬，以其尾飞，名曰耳鼠②，食之不腺③，又可以御百毒。

注译

① 【韭、䪥】：䪥，音谢。二者均是蔬菜名。韭，即韭菜。䪥，又名藠头。
② 【耳鼠】：即鼯鼠，又名大飞鼠。前后肢之间有宽而多毛的飞膜，借以滑翔。
③ 【腺】：音采。腹部鼓胀，涨肚。

再往北二百里，是丹熏之山，山上多长有樗树和柏树，山上的草多是韭菜和䪥菜，多产丹雘。熏水从这里发源，向西流入棠水。有一种野兽，形状像老鼠，却长着兔子的头和麋鹿的身子，它的叫声像獋犬，用自己的尾巴飞行，名叫耳鼠，吃了它的肉人就不会腹胀，还可以抵挡百毒的侵害。

❾ 又北二百八十里，曰石者之山，其上无草木，多瑶碧。泚水出焉，西流注于河。有兽焉，其状如豹，而文题①白身，名曰孟极，是善伏②，其鸣自呼。

注译

① 【文题】：额头上有花纹。
② 【善伏】：善于躲藏。

再往北二百八十里，是石者之山，山上没有草树，多产瑶、碧。泚水从这里发源，向西流入河。有一种野兽，形状像豹子，额头上有花纹，白色的身子，名叫孟极，善于躲藏，它的叫声就是自己名字的读音。

❿ 又北百一十里，曰边春之山，多葱①、葵、韭、桃②、李。杠水出焉，而西流注于泑泽。有兽焉，其状如禺而文身，善笑，见人则卧③，名曰幽鹌④，其鸣自呼。

注译

① 【葱】：指山中的野生葱。
② 【桃】：指山桃，又名山毛桃。
③ 【见人则卧】：见到人就装睡或假死。
④ 【鹌】：音厄。

再往北一百一十里，是边春之山，多产野葱、葵菜、韭菜、山桃、李树。杠水从这里发源，向西流入泑泽。有一种野兽，形状像禺，身上有花纹，喜欢笑，一看见人就装睡或假死，名叫幽鹌，它的叫声就是自己名字的读音。

⓫ 又北二百里，曰蔓①联之山，其上无草木。有兽焉，其状如禺而有鬣，牛尾、文臂、马蹄，见人则呼，名曰足訾，其鸣自呼。有鸟焉，群居而朋飞②，其毛如雌雉，名曰䴅，其鸣自呼，食之已风。

注译

① 【蔓】：音万。
② 【朋飞】：结群而飞。

再往北二百里，是蔓联之山，山上没有草木。有一种野兽，它的形状像禺却长着鬣毛，有牛的尾巴、有花纹的双臂、马的蹄子，一看见人就喊叫，名叫足訾，它的叫声就是自己名字的读音。有一种鸟，成群栖息，结群而飞，毛像雌雉，名叫䴅。它的叫声就是自己名字的读音，吃了它可以治疗风疾。

⑫ 又北百八十里，曰单张之山，其上无草木。有兽焉，其状如豹而长尾，人首而牛耳，一目，名曰诸犍，善吒，行则衔其尾，居则蟠其尾。有鸟焉，其状如雉，而文首、白翼、黄足，名曰白鵽①，食之已嗌②痛，可以已痸③。栎水出焉，而南流注于杠水。

注译

① 【白鵽】：鵽，音叶。即雪雉，俗称雪鸡。
② 【嗌】：音义。咽喉。
③ 【痸】：音至。癫痫病。

再往北一百八十里，是单张之山，山上没有草木。有一种野兽，它的形状像豹，还有一条长尾巴，人的头，牛的耳朵，一只眼睛，名叫诸犍，喜欢吼叫，行走的时候用嘴衔着尾巴，停下来的时候就把尾巴盘起来。有一种鸟，形状像雉，有花纹的头、白色的翅膀、黄色的爪子，名叫白鵽，吃了它可以治好咽喉的疼痛，还可以治愈癫痫病。栎水从这里发源，向南流入杠水。

⑬ 又北三百二十里，曰灌题之山，其上多樗、柘，其下多流沙，多砥。有兽焉，其状如牛而白尾，其音如訆①，名曰那父。有鸟焉，其状如雌雉而人面，见人则跃，名曰竦斯②，其鸣自呼也。匠韩之水出焉，而西流注于泑泽，其中多磁石。

注译

① 【訆】：音叫。人呼叫声。
② 【竦斯】：竦，音耸。

再往北三百二十里，是灌题之山，山上多是樗树、柘树，山下多有流沙，多产砥石。有一种野兽，它的形状像牛，还有白色的尾巴，它的叫声像是人在呼喊，名叫那父。有一种鸟，它的形状像雌雉，人的面孔，一看见人就跳跃，名叫竦斯，它的叫声就是自己名字的读音。匠韩之水从这里发源，向西流入泑泽，其中有很多磁石。

⑭ 又北二百里，曰潘侯之山，其上多松、柏，其下多榛、楛，其阳多玉，其阴多铁。有兽焉，其状如牛，而四节生毛，名曰旄牛。边水出焉，而南流注于栎泽。

　　再往北二百里，是潘侯之山，山上多是松树、柏树，山下多是榛树、楮树，山南面多产玉，山北面多产铁。有一种野兽，它的形状像牛，四肢关节上长有毛，名叫旄牛。边水从这里发源，向南流入栎泽。

⑮ 又北二百三十里，曰小咸之山，无草木，冬夏有雪。

　　再往北二百三十里，是小咸之山，没有草木，冬天、夏天都有雪。

⑯ 北二百八十里，曰大咸之山，无草木，其下多玉。是山也，四方，不可以上。有蛇名曰长蛇，其毛如彘豪，其音如鼓柝①。

注译

①【其音如鼓柝】：柝，音拓，打更用的梆子。这是说长蛇的声音像人们打更的声音。

　　往北二百八十里，是大咸之山，没有草木，山下多产玉。这座山是四方形的，人不能上去。有一种蛇名叫长蛇，身上的毛像猪鬃，叫声像打更时敲的梆子。

⑰ 又北三百二十里，曰敦薨之山，其上多棕、枏，其下多茈草。敦薨之水出焉，而西流注于泑泽。出于昆仑之东北隅，实惟河原。其中多赤鲑①，其兽多兕、旄牛，其鸟多鸬鸪。

注译

①【鲑】：音归。即河豚鱼。

　　再往北三百二十里，是敦薨之山，山上多是棕树和枏树，山下多长有紫草。敦薨之水从这里发源，向西流入泑泽。出自昆仑山的东北角，确实可说是河水的源头。水中有很多赤鲑，那里的野兽多是兕、旄牛，那里的鸟多是鸬鸪。

⑱ 又北二百里，曰少咸之山①，无草木，多青碧。有兽焉，其状如牛，而赤身、人面、马足，名曰窫窳②，其音如婴儿，是食人。敦水出焉，东流注于雁门之水③，其中多䲡䲡之鱼④，食之杀人。

注译

①【少咸之山】：今山西省大同阳高县界上的采凉山。
②【窫窳】：窫，音亚。窳，音雨。即猰貐，传说中一种吃人的怪兽。

③【雁门之水】：当即今山西省阳高县、天镇县境内的南洋河。
④【鲋鲋之鱼】：鲋，音背。

再往北二百里，是少咸之山，没有草木，多产青碧。有一种野兽，它的形状像牛，红色的身子、人的面孔、马的蹄子，名叫窫窳，它的叫声像婴儿啼哭，能吃人。敦水从这里发源，向东流入雁门之水，水中有很多鲋鲋鱼，人吃了它就会死。

⑲ 又北二百里，曰狱法之山①。瀤泽之水②出焉，而东北流注于泰泽③。其中多鱲④鱼，其状如鲤而鸡足，食之已疣。有兽焉，其状如犬而人面，善投，见人则笑，其名山犟⑤，其行如风，见则天下大风。

注译

①【狱法之山】：当在今内蒙古凉城县东南。
②【瀤泽之水】：瀤，音淮。当在今岱海之南，于凉城东南长城北侧西北流折东北入海。
③【泰泽】：泰泽当分为两处，分别是今岱海与黄旗海。瀤泽之水所注入的是岱海，堤水注入的是黄旗海。
④【鱲】：音早。
⑤【山犟】：犟，音辉。猿的一种。

再往北二百里，是狱法之山。瀤泽之水从这里发源，向东北流入泰泽。水中多有鱲鱼，它的形状像鲤鱼却长着鸡爪子，人吃了它能治好赘疣病。有一种野兽，它的形状像狗却长着人的面孔，擅长投掷，一看见人就笑，它名叫山犟，走起来像一阵风，它一出现天下就会刮大风。

⑳ 又北二百里，曰北岳之山①，多枳、棘②、刚木③。有兽焉，其状如牛，而四角、人目、彘耳，其名曰诸怀，其音如鸣雁，是食人。诸怀之水④出焉，而西流注于嚣水，其中多鮨鱼⑤，鱼身而犬首，其音如婴儿，食之已狂。

注译

①【北岳之山】：这里所说的不是今天的北岳恒山，而是大致位置在今大青山东段察右中旗与四子王旗界上的某座山。
②【棘】：指酸枣树，也泛指有刺的草木。
③【刚木】：即桢木。
④【诸怀之水】：今大清河。
⑤【鮨鱼】：鮨，音义。

再往北二百里，是北岳之山，多有枳树、酸枣树、桢木。有一种野兽，它的形状像牛，四只角、人的眼睛、猪的耳朵，它名叫诸怀，它的叫声像大雁在鸣叫，能吃人。诸怀之水从这里发源，向西流入嚣水，其中有很多鮨鱼，长着鱼的身子和狗的头，它的叫声像婴儿，人吃了它能治疗狂病。

㉑ 又北百八十里，曰浑夕之山①，无草木，多铜玉。嚣水②出焉，而西北流注于海。有蛇一首两身，名曰肥遗，见则其国大旱。

注译

① 【浑夕之山】：当是今内蒙古自治区武川县北的耗赖山。
② 【嚣水】：当是今大清河所注入的锡拉木伦河。

再往北一百八十里，是浑夕之山，没有草木，多产铜和玉石。嚣水从这里发源，向西北流入海。有一种蛇，一个头，两个身子，名叫肥遗，它一出现那个国家就会发生大旱灾。

㉒ 又北五十里，曰北单之山①，无草木，多葱、韭。

注译

① 【北单之山】：此山即罴差之山、北鲜之山，大致均在今内蒙古乌兰察布盟东南部一带。

再往北五十里，是北单之山，没有草木，多产野葱、韭菜。

㉓ 又北百里，曰罴差之山，无草木，多马①。

注译

① 【马】：指野马，比一般马略小。

再往北一百里，是罴差之山，没有草木，多产野马。

㉔ 又北百八十里，曰北鲜之山，是多马。鲜水出焉，而西北流注于涂吾之水①。

注译

① 【涂吾之水】：古水名。涂，音于。一说即今蒙古之鄂尔浑河，另一说乃今图勒河。

再往北一百八十里，是北鲜之山，这里有很多野马。鲜水从这里发源，向西北流入涂吾之水。

㉕ 又北百七十里，曰堤山^①，多马。有兽焉，其状如豹而文首，名曰狒^②。堤水^③出焉，而东流注于泰泽，其中多龙龟。

注译

① 【堤山】：在今察哈尔右翼中旗东南。
② 【狒】：音舀。
③ 【堤水】：今黄旗海北自察哈尔右翼中旗境内东南流入海的二水。

再往北一百七十里，是堤山，多有野马。有一种野兽，它的形状像豹子，头上有花纹，名叫狒。堤水从这里发源，向东流入泰泽，其中有很多龙龟。

㉖ 凡《北山经》之首，自单狐之山至于堤山，凡二十五山，五千四百九十里，其神皆人面蛇身。其祠之，毛用一雄鸡，彘瘗，吉玉用一珪，瘗而不糈^①。其山北人，皆生食不火之物。

注译

① 【瘗而不糈】：是说祭神时只将牺牲与吉玉埋入土中，而不用米。

《北山经》这一组山，自单狐之山到堤山，一共二十五座，行经五千四百九十里，各山神都是人的面孔、蛇的身子。祭祀它们，把一只纯色的公鸡和一头猪埋入地下，吉玉用一块玉珪，只将祭品埋入土中不用米。住在诸山以北的人，都吃生的未经烹饪的食物。

北次二经

1 《北次二经》之首，在河之东①，其首枕汾②，其名曰管涔之山③。其上无木而多草，其下多玉。汾水出焉，而西流注于河。

注译

① 【在河之东】：依例，"在"上当脱一"山"字。

② 【其首枕汾】：是说其山乃汾水所出，如同头枕汾水之源。

③ 【管涔之山】：即今山西省的管涔山。古时又名燕京山。在今山西省西北部，东北西南走向，主峰位于今宁武县西南，是汾河、桑干河的发源地。《水经》云："汾水出太原汾阳县北管涔山。"《汉书·地理志》"汾阳"下云："北山，汾水所出，西南至汾阴入河。"王先谦《汉书补注》云："《一统志》云，管涔山，在今静乐县北。吴卓信云，跨宁武岢岚朔州界，周百余里。"西汉的汾阳属太原郡，就是今天划归忻州市的静乐。

《北次二经》这组山的第一座山，位于河的东岸，头枕汾水之源，它名叫管涔之山。山上没有树却有很多草，山下多产玉石。汾水从这里发源，向西流入河。

2 又西二百五十里，曰少阳之山①，其上多玉，其下多赤银②。酸水③出焉，而东流注于汾水，其中多美赭。

注译

① 【少阳之山】：或即今关帝山，在山西省交城县西南。

② 【赤银】：章鸿钊以为当是今赤铁矿。

③ 【酸水】：大致即文水，又名文谷河。

再往西二百五十里，是少阳之山，山上多产玉石，山下多产赤银。酸水从这里发源，向东流入汾水，其中有很多好的赭石。

3 又北五十里，曰县雍之山①，其上多玉，其下多铜，其兽多闾②、麋，其鸟多白翟、白鵺③。晋水出焉，而东南流注于汾水。其中多鮆鱼，其状如儵而赤麟，其音如叱，食之不骄④。

注译

① 【县雍之山】：即悬瓮山。在山西省太原市西南，晋水所出。山下有晋祠。

② 【闾】：音驴。又名山驴、驴羊。

③ 【白鵺】：鵺，音有。即白翰。

④ 【骄】：或作"骚"，同"臊"，身上的异味，如狐臭之类。

再往北五十里，是县雍之山，山上多产玉石，山下多产铜，山中的野兽多是山驴、麋鹿，山中的鸟多是白翟、白鵺。晋水从这里发源，向东南流入汾水。其中有很多鮆鱼，它的形状像儵鱼，红色的鳞，叫声像人呵斥的声音，人吃了它可以身上没有异味。

④ 又北二百里，曰狐岐之山①，无草木，多青碧。胜水②出焉，而东北流注于汾水，其中多苍玉。

注译

①【狐岐之山】：在今山西省孝义县西与中阳县之间。但这四座山的实际次序却是自北向南的。
②【胜水】：今孝河，在孝义县南。

再往北二百里，是狐岐之山，没有草木，多产青碧。胜水从这里发源，向东北流入汾水，其中有很多苍玉。

⑤ 又北三百五十里，曰白沙山，广员三百里，尽沙也，无草木鸟兽。鮪水①出于其上，潜于其下，是多白玉。

注译

①【鮪水】：鮪，音伟。

再往北三百五十里，是白沙山，幅员三百里，都是沙地，没有草木鸟兽。鮪水从它的山顶发源，潜流到山下，这里有很多白玉。

⑥ 又北四百里，曰尔是之山，无草木，无水。

再往北四百里，是尔是之山，没有草木，没有水流。

⑦ 又北三百八十里，曰狂山，无草木。是山也，冬夏有雪。狂水出焉，而西流注于浮水，其中多美玉。

再往北三百八十里，是狂山，没有草木。这座山，冬天和夏天都有雪。狂水从这里发源，向西流入浮水，其中有很多美玉。

⑧ 又北三百八十里，曰诸馀之山，其上多铜、玉，其下多松、柏。诸馀之水出焉，而东流注于旄水。

再往北三百八十里，是诸馀之山，山上多产铜和玉石，山下多有松树和柏树。诸馀之水从这里发源，向东流入旄水。

❾ 又北三百五十里，曰敦头之山，其上多金玉，无草木。旄水出焉，而东流注于印泽①，其中多㹎马②，牛尾而白身，一角，其音如呼。

注译

① 【印泽】："印"当为"邛"，即下文北嚻之山的邛泽。
② 【㹎马】：㹎，音博。可能是河马或犀牛一类的动物。

再往北三百五十里，是敦头之山，山上多产金、玉，没有草木。旄水从这里发源，向东流入邛泽。山中有很多㹎马，长着牛的尾巴和白色的身体，一只角，它的叫声像是人的呼喊。

❿ 又北三百五十里，曰钩吾之山①，其上多玉，其下多铜。有兽焉，其状如羊身人面，其目在腋下，虎齿人爪，其音如婴儿，名曰狍鸮②，是食人。

注译

① 【钩吾之山】：约在今山西省朔州市朔城区（原朔县）之南。
② 【狍鸮】：狍，音袍。鸮，音消。即饕餮。

再往北三百五十里，是钩吾之山，山上多产玉石，山下多产铜。有一种野兽，它的形状像羊的身子却长着人的面孔，眼睛长在腋窝下，老虎的牙齿，人的手，它的叫声像婴儿，名叫狍鸮，能吃人。

⓫ 又北三百里，曰北嚻之山，无石，其阳多碧，其阴多玉。有兽焉，其状如虎，而白身犬首，马尾彘鬣，名曰独㺎①。有鸟焉，其状如乌，人面，名曰鸄鵂②，宵飞而昼伏，食之已暍③。涔水出焉，而东流注于邛泽。

注译

① 【独㺎】：㺎，音玉。
② 【鸄鵂】：鸄，音盘。鵂，音貌。可能是领鸺鹠，猫头鹰的一种。
③ 【暍】：音耶。中暑。

再往北三百里，是北嚻之山，没有石头，山南面多产碧，山北面多产玉。有一种野兽，它的形状像老虎，白色的身子，狗的头，马的尾巴，猪的鬃毛，名叫独㺎。有一种鸟，它的形状像乌鸦，长着人的面孔，名叫鸄鵂，晚上飞行，白天蛰伏，人吃了它能不中暑。涔水从这里发源，向东流入邛泽。

⓬ 又北三百五十里，曰梁渠之山①，无草木，多金玉。脩水②出焉，而东流注于雁门③，其兽多居暨，其状如彙④而赤毛，其音如豚。有鸟焉，其状如夸父，四翼、一目、犬尾，名曰嚣⑤，其音如鹊，食之已腹痛，可以止衕⑥。

注译

① 【梁渠之山】：在今内蒙古兴和县西南，是东洋河的发源之地。

② 【脩水】：即今东洋河。

③ 【雁门】：郭璞《山海经传》云："水名。"则"门"下当脱"之水"二字。

④ 【彙】：音会。即刺猬。

⑤ 【嚣】：音敖。

⑥ 【衕】：音洞。即腹泻。

再往北三百五十里，是梁渠之山，没有草木，多产金、玉。脩水从这里发源，向东流入雁门之水。山中的野兽多是居暨，它的形状像刺猬，红色的毛，它的叫声像猪。有一种鸟，它的形状像夸父，四只翅膀、一只眼睛、狗尾巴，名叫嚣，它的叫声像鹊，吃了它就不会腹痛，可以治疗腹泻。

⓭ 又北四百里，曰姑灌之山①，无草木，是山也，冬夏有雪。

注译

① 【姑灌之山】：当在今张北、康保一带。

再往北四百里，是姑灌之山，没有草木，这座山，冬天、夏天都有雪。

⓮ 又北三百八十里，曰湖灌之山①，其阳多玉，其阴多碧，多马。湖灌之水②出焉，而东流注于海，其中多鱼③。有木焉，其叶如柳而赤理。

注译

① 【湖灌之山】：即今河北省沽源县境内的大马群山。

② 【湖灌之水】：即古之沽水，其上游为今天的白河，下游为今之北运河，由东南流至天津入海。

③ 【鱼】：音善。同"鳝""鳝"，即黄鳝。

再往北三百八十里，是湖灌之山，山南面多产玉，山北面多产碧，多有野马。湖灌之水从这里发源，向东流入海，其中有很多鳝鱼。有一种树，叶子像柳树，有红色的花纹。

⓯ 又北水行五百里，流沙三百里，至于洹山，其上多金玉。三桑生之，其树皆无枝，其高百仞。百果树生之。其下多怪蛇。

再往北沿水路行五百里，经过三百里流沙，到了洹山，山上多产金、玉。三桑树长在这里，这种树都不长枝叶，高达百仞。还长有百果树。山下有很多怪蛇。

⑯ 又北三百里，曰敦题之山，无草木，多金玉。是镎于北海。

再往北三百里，是敦题之山，没有草木，多产金、玉。这座山临于北海岸边。

⑰ 凡《北次二经》之首，自管涔之山至于敦题之山，凡十七山①，五千六百九十里。其神皆蛇身人面。其祠：毛用一雄鸡，彘瘞②；用一璧一珪，投而不糈③。

注译

① 【凡十七山】：今仅十六山，五千二百九十里，当有脱漏。
② 【毛用一雄鸡，彘瘞】：是说祭祀的时候，毛物用一只公鸡和一头猪一起埋在地里。
③ 【投而不糈】：即在祭祀时，将上文的"一璧一珪"投往山中，而不用精米祀神。

《北次二经》这组山，自管涔之山到敦题之山，一共十七山，行经五千六百九十里。各山神都是蛇的身子、人的面孔。祭祀它们：把一只纯色的公鸡和一头猪一起埋入地下；把一块玉璧和一块玉珪投向山里，而不用精米祀神。

北次三经

❶ 《北次三经》之首，曰太行之山①。其首曰归山②，其上有金玉，其下有碧。有兽焉，其状如麢羊而四角，马尾而有距，其名曰驿③，善还④，其名自訆。有鸟焉，其状如鹊，白身、赤尾、六足，其名曰鷫⑤，是善惊，其鸣自詨⑥。

注译

① 【太行之山】：《北次三经》所描述的山脉总名太行山，大致与今天太行山脉相当。
② 【归山】：当指今山西省中条山脉西端某山。
③ 【驿】：音辉。
④ 【还】：音旋。盘旋而舞。
⑤ 【鷫】：音奔。
⑥ 【詨】：音孝。呼叫。

《北次三经》这一组山叫太行之山。这一组中的第一座山叫归山，山上产金、玉，山下产碧。有一种野兽，形状像麢羊却有四只角，马的尾巴，鸡的爪子，它名叫驿，善于盘旋而舞，它的叫声就是自己名字的读音。有一种鸟，它的形状像鹊，白色的身体、红尾巴、六只脚，它名叫鷫，这种鸟容易受惊，它的叫声就是自己名字的读音。

❷ 又东北二百里，曰龙侯之山，无草木，多金玉。决决之水出焉，而东流注于河。其中多人鱼，其状如鯑鱼①，四足，其音如婴儿，食之无痴疾。

注译

① 【鯑鱼】：鯑，音提。这里所指当是鲇鱼。

再往东北二百里，是龙侯之山，没有草木，多产金玉。决决之水从这里发源，向东流入河。其中有很多人鱼，形状像鯑鱼，四只脚，它的叫声像婴儿，人吃了它可以不痴呆。

❸ 又东北二百里，曰马成之山，其上多文石，其阴多金玉。有兽焉，其状如白犬而黑头，见人则飞，其名曰天马，其鸣自訆。有鸟焉，其状如乌，首白而身青、足黄，是名曰鶌鶋①，其鸣自詨，食之不饥，可以已寓②。

注译

① 【鶌鶋】：鶌，音屈。鶋，音居。即今之斑鸠。
② 【寓】：即疣。也叫肉赘、瘊子。

再往东北二百里，是马成之山，山上多产文石，山北面多产金、玉。有一种野兽，它的形状像白狗却有黑色的头，一看见人就飞，它名叫天马，它的叫声就是自己名字的读音。有一种鸟，它的形状像乌鸦，白色的头，青色的身体、黄色的爪子，它名叫鵁鶋，它的叫声就是自己名字的读音，人吃了它就不会饿，还可以治疗赘疣。

❹ 又东北七十里，曰咸山，其上有玉，其下多铜，是多松、柏，草多茈草。条菅之水出焉，而西南流注于长泽。其中多器酸，三岁一成，食之已疠。

再往东北七十里，是咸山，山上有玉石，山下多产铜，这里多有松树和柏树，草多是紫草。条菅之水从这里发源，向西南流入长泽。水中多产器酸，三年才能收成一次，吃了它可以治疗疠病。

❺ 又东北二百里，曰天池之山，其上无草木，多文石。有兽焉，其状如兔而鼠首，以其背飞，其名曰飞鼠。渑水出焉，潜于其下，其中多黄垩。

再往东北二百里，是天池之山，山上没有草木，多产文石。有一种野兽，它的形状像兔子却长着老鼠的头，用它背上的毛飞行，它名叫飞鼠。渑水从这里发源，潜流到山下，其中多产黄垩。

❻ 又东三百里，曰阳山，其上多玉，其下多金、铜。有兽焉，其状如牛而赤尾，其颈𦡂①，其状如句瞿②，其名曰领胡，其鸣自詨，食之已狂。有鸟焉，其状如雌雉，而五采以文，是自为牝牡，名曰象蛇，其鸣自詨。留水出焉，而南流注于河。其中有鲭父之鱼，其状如鲋鱼③，鱼首而彘身，食之已呕。

注译

① 【𦡂】：音甚。肉瘤。
② 【句瞿】：斗的别称。
③ 【鲋鱼】：即蛤蟆。《易·井》云："井谷射鲋。"孔颖达《正义》云："子夏《传》曰：井下蛤蟆呼为鲋鱼也。"蛤蟆头似鱼而身似兽，亦与经文所述之"鱼首而彘身"相合。

再往东三百里，是阳山，山上多产玉，山下多产金、铜。有一种野兽，它的形状像牛，还长着红色的尾巴，它的脖子上长有肉瘤，形状像斗，它名叫领胡，它的叫声就是自己名字的读音，吃了它可以治疗狂病。有一种鸟，它的形状像雌雉，全身五彩还有花纹，这种鸟雌雄同体，名叫象蛇，它的叫声就是自己名字的读音。留水从这里发源，向南流入黄河。水中有鲭父鱼，它的形状像鲋鱼，鱼的头和猪的身子，人吃了它可以止吐。

❼ 又东三百五十里，曰贲闻之山①，其上多苍玉，其下多黄垩，多涅石②。

注译

① 【贲闻之山】：贲，音毕。
② 【涅石】：即矾石。

再往东三百五十里，是贲闻之山，山上多产苍玉，山下多产黄垩，多产涅石。

8 又北百里，曰王屋之山①，是多石。㶏水②出焉，而西北流于泰泽。

注译

① 【王屋之山】：在今山西省垣曲与河南省济源等县之间。
② 【㶏水】：㶏，音连。即济水。

再往北一百里，是王屋之山，这里有很多石头。㶏水从这里发源，向西北流入泰泽。

9 又东北三百里，曰教山，其上多玉而无石。教水出焉，西流注于河，是水冬干而夏流，实惟干河。其中有两山。是山也，广员三百步，其名曰发丸之山，其上有金玉。

再往东北三百里，是教山，山上多产玉但没有石头。教水从这里发源，向西流入河，这条河冬天干枯、夏天流淌，就是干河。其中有两座山。这座山方圆三百步，它们名叫发丸之山，山上产金、玉。

10 又南三百里，曰景山，南望盐贩之泽①，北望少泽，其上多草、藷藇②，其草多秦椒③，其阴多赭，其阳多玉。有鸟焉，其状如蛇，而四翼、六目、三足，名曰酸与，其鸣自詨，见则其邑有恐。

注译

① 【盐贩之泽】：即今解州盐池。
② 【藷藇】：藇，音欲。即薯蓣。俗称山药。
③ 【秦椒】：即花椒。因盛产于秦地，故名。

再往南三百里，是景山，向南可以望见盐贩之泽，向北可以望见少泽。山上多生草、藷藇，这里的草多是秦椒，山北面多产赭石，山南面多产玉。有一种鸟，它的形状像蛇，却有四只翅膀、六只眼睛、三只脚，名叫酸与，它的叫声就是自己名字的读音，它一出现那里的人们就会恐慌。

⑪ 又东南三百二十里，曰孟门之山①，其上多苍玉，多金，其下多黄垩，多涅石。

注译

① 【孟门之山】：在今山西省吉县西南，位于黄河壶口瀑布附近，山西、陕西黄河两岸。山被黄河隔断，其形如门，故名孟门。

再往东南三百二十里，是孟门之山，山上多产苍玉，多产金，山下多产黄垩，多产涅石。

⑫ 又东南三百二十里，曰平山①。平水出于其上，潜于其下，是多美玉。

注译

① 【平山】：即今姑射山，一名壶口山。在今山西省临汾市西。临汾汉属平阳县，县在平水之北，故名。

再往东南三百二十里，是平山。平水从它的顶上发源，潜流到山下，其中有很多美玉。

⑬ 又东三百里，曰京山，有美玉，多漆木，多竹，其阳有赤铜，其阴有玄碡①。高水出焉，南流注于河。

注译

① 【玄碡】：碡，音素。黑色的磨刀石。

再往东二百里，是京山，产美玉，多生长漆树，多有竹子，山的南面产赤铜，山的北面出产黑色的磨刀石。高水从这里发源，向南流入河。

⑭ 又东二百里，曰虫尾之山，其上多金玉，其下多竹，多青碧。丹水出焉，南流注于河。薄水出焉，而东南流注于黄泽。

再往东二百里，是虫尾之山，山上多产金、玉，山下多有竹子，多产青碧。丹水从这里发源，向南流入河。薄水从这里发源，向东南流入黄泽。

⑮ 又东三百里，曰彭毗之山，其上无草木，多金玉，其下多水。蚤林之水出焉，东南流注于河。肥水出焉，而南流注于床水，其中多肥遗之蛇。

再往东三百里，是彭毗之山，山上不生草木，多产金、玉，山下多流水。蚤林之水从这里发源，向东南流入河。肥水从这里发源，向南流入床水，其中有很多肥遗蛇。

⑯ 又东百八十里，曰小侯之山。明漳之水出焉，南流注于黄泽。有鸟焉，其状如乌而白文，名曰鸪鹠①，食之不瀄②。

注译

① 【鸪鹠】：鸪，音孤。鹠，音习。
② 【瀄】：音叫。通"瞷"，眼睛昏蒙。

再往东一百八十里，是小侯之山。明漳之水从这里发源，向南流入黄泽。有一种鸟，它的形状像乌鸦，有白色的花纹，名叫鸪鹠，人吃了它可以不花眼。

⑰ 又东三百七十里，曰泰头之山。共水出焉，南注于虖池①。其上多金玉，其下多竹、箭。

注译

① 【虖池】：即今滹沱河。

再往东三百七十里，是泰头之山。共水从这里发源，向南流入虖池。山上多产金、玉，山下多长有竹子、箭竹。

⑱ 又东北二百里，曰轩辕之山，其上多铜，其下多竹。有鸟焉，其状如枭而白首，其名曰黄鸟①，其鸣自诙，食之不妒。

注译

① 【黄鸟】：当即仓庚，又名黄莺，古有仓庚疗妒之说，正与此处"食之不妒"相吻合。

再往东北二百里，是轩辕之山。山上多产铜，山下多生竹子。有一种鸟，它的形状像猫头鹰，白色的头，它名叫黄鸟，它的叫声就是自己名字的读音，人吃了它可以不嫉妒。

⑲ 又北二百里，曰谒戾之山①，其上多松、柏，有金玉。沁水②出焉，南流注于河。其东有林焉，名曰丹林。丹林之水③出焉，南流注于河。婴侯之水④出焉，北流注于氾水。

注译

① 【谒戾之山】：在今山西省平遥县东南。
② 【沁水】：即今沁河。
③ 【丹林之水】：即今丹河。

④【婴侯之水】：即今平遥县东南中都河。

　　再往北二百里，是谒戾之山，山上多长有松树和柏树，还有金、玉。沁水从这里发源，向南流入河。山的东面有一片树林，名叫丹林。丹林之水从这里发源，向南流入河。婴侯之水从这里发源，向北流入氾水。

⓴ 东三百里，曰沮洳之山①，无草木，有金玉。濝水②出焉，南流注于河。

注译

①【沮洳之山】：沮，音巨。洳，音入。
②【濝水】：濝，音奇。古水名，当即淇水，在今河南省北部，又名淇河。

　　往东三百里，是沮洳之山，没有草木，有金、玉。濝水从这里发源，向南流入河。

㉑ 又北三百里，曰神囷之山①，其上有文石，其下有白蛇，有飞虫。黄水②出焉，而东流注于洹③。滏水④出焉，而东流注于欧水。

注译

①【神囷之山】：囷，音群。
②【黄水】：即今河南省林县境内洹河的北源。
③【洹】：音环。洹河，即今流经河南省安阳市南的安阳河。
④【滏水】：滏水当即今滏阳河上游，但应在漳水之北，而此处却在漳水之南，恐系错简。

　　再往北三百里，是神囷之山，山上有文石，山下有白蛇，有飞虫。黄水从这里发源，向东流入洹水。滏水从这里发源，向东流入欧水。

㉒ 又北二百里，曰发鸠之山①，其上多柘木。有鸟焉，其状如乌，文首、白喙、赤足，名曰精卫，其鸣自詨。是炎帝之少女名曰女娃，女娃游于东海，溺而不返，故为精卫，常衔西山之木石，以堙于东海②。漳水出焉，东流注于河。

注译

①【发鸠之山】：在今山西省长子县西，又名发苞山、鹿谷山。
②【以堙于东海】：堙，音阴。填堵。

　　再往北二百里，是发鸠之山，山上多生柘木。有一种鸟，它的形状像乌鸦，脑袋上有花纹、白色的嘴、红色的爪，名叫精卫，它的叫声就是自己名字的读音。炎帝的小女儿名叫女娃，女娃在东海游玩，溺水而死没能返回，因而变成了精卫，常常从西山衔来树枝和石头，用来填塞东海。漳水从这里发源，向东流入河。

㉓ 又东北百二十里，曰少山，其上有金玉，其下有铜。清漳之水①出焉，东流于浊漳之水。

注译

① 【清漳之水】：今名清漳河，在今山西省东北部，东南向流到河北省涉县合漳镇与浊漳河汇合为漳河。

再往东北一百二十里，是少山，山上出产金、玉， 山下出产铜。清漳之水从这里发源，向东流入浊漳之水。

㉔ 又东北二百里，曰锡山①，其上多玉，其下有砥。牛首之水②出焉，而东流注于滏水。

注译

① 【锡山】：当在今河北省邯郸市西北。
② 【牛首之水】：源出今河北省邯郸市西北，东流注于滏阳河。

再往东北二百里，是锡山，山上多产玉，山下出产磨石。牛首之水从这里发源，向东流入滏水。

㉕ 又北二百里，曰景山①，有美玉。景水②出焉，东南流注于海泽③。

注译

① 【景山】：即今河北省武安县南的鼓山。
② 【景水】：即今洺河。
③ 【海泽】：约在今河北省曲周县北境。

再往北二百里，是景山，山上有美玉。景水从这里发源，向东南流入海泽。

㉖ 又北百里，曰题首之山，有玉焉，多石，无水。

再往北一百里，是题首之山，产玉石，有许多石头，没有水。

㉗ 又北百里，曰绣山，其上有玉、青碧，其木多枸①，其草多芍药、芎䓖。洧水②出焉，而东流注于河。其中有鳠③、黾④。

注译

①【枸】：音寻。
②【洧水】：洧，音有。即今沙河，在今河北省内丘县西。
③【鳠】：音互。据李时珍说当为长吻鳠。
④【黾】：音猛。一种蛙类，俗名气蛤蟆。

再往北一百里，是绣山，山上产玉、青碧，山上的树多是枸树，山上的草多是芍药、
芎䓖。洧水从这里发源，向东流入河，其中有鳠鱼、黾蛙。

28 又北百二十里，曰松山①。阳水②出焉，东北流注于河。

注译

①【松山】：即今河北省沙河县西北的汤山。
②【阳水】：即《汉书·地理志》中的"蓼水"，在今河北省邢台西，已湮没。

再往北一百二十里，是松山。阳水从这里发源，向东北流入河。

29 又北百二十里，曰敦与之山①，其上无草木，有金玉。溹水②出于其阳，
而东流注于泰陆之水；泜水③出于其阴，而东流注于彭水。槐水④出焉，而东流注
于泜泽⑤。

注译

①【敦与之山】：即今河北省赞皇县、临城县、内丘县界上诸山。
②【溹水】：溹，音索。即《汉书·地理志》中的渚水，其上游为今柳林河，下游已湮没。
③【泜水】：泜，音之。即今泜河。
④【槐水】：即今槐河，源出赞皇县西南。
⑤【泜泽】：约相当于明清时宁晋泊的西南部，今已湮。

再往北一百二十里，是敦与之山，山上没有长草木，产金、玉。溹水从敦与之山的南
边发源，向东流入泰陆之水；泜水从敦与之山的北面发源，向东流入彭水。槐水从这里发
源，向东流入泜泽。

30 又北百七十里，曰柘山，其阳有金玉，其阴有铁。历聚之水①出焉，而北
流注于洧水②。

注译

①【历聚之水】：即今冶河，又名松溪河。

②【洧水】：即今绵河，又名桃河。

再往北一百七十里，是柘山，山南面出产金、玉，山北面出产铁。历聚之水从这里发源，向北流入洧水。

31 又北三百里，曰维龙之山①，其上有碧玉，其阳有金，其阴有铁。肥水②出焉，而东流注于皋泽③，其中多礨石④。敞铁之水出焉，而北流注于大泽。

注译

①【维龙之山】：即飞龙山，又作封龙山，在今河北省石家庄市鹿泉区与元氏县界上。
②【肥水】：即洨水，今名洨河。汉时入泒，明清时转入宁晋泊。
③【皋泽】：当是明清宁晋泊的西北部，今已堙。
④【礨石】：礨，音磊。大石。

再往北三百里，是维龙之山，山上出产碧玉，山南面产金，山北面产铁。肥水从这里发源，向东流入皋泽，其中有很多大石头。敞铁之水从这里发源，向北流入大泽。

32 又北百八十里，曰白马之山①，其阳多石、玉，其阴多铁，多赤铜。木马之水②出焉，而东北流注于滹沱。

注译

①【白马之山】：今仍其名，在山西省忻州市西南六十里处。
②【木马之水】：今山西省境内的牧马河。

再往北一百八十里，是白马之山，山南面有很多石头和玉，山北面多产铁，多产赤铜。木马之水从这里发源，向东北流入滹沱。

33 又北二百里，曰空桑之山①，无草木，冬夏有雪。空桑之水②出焉，东流注于滹沱。

注译

①【空桑之山】：此条当在《北次二经》中，即山西省北部云中山主峰。
②【空桑之水】：即今云中河。

再往北二百里，是空桑之山，没有草木，冬天、夏天都有雪。空桑之水从这里发源，向东流入滹沱。

34 又北三百里，曰泰戏之山^①，无草木，多金玉。有兽焉，其状如羊，一角一目，目在耳后，其名曰𫘨𫘨^②，其鸣自訆。虖沱之水^③出焉，而东流注于娄水^④。液女之水出于其阳，南流注于沁水。

注译

① 【泰戏之山】：今仍用其名。约在今山西省繁峙县东北，属恒山山脉东段。
② 【𫘨𫘨】：𫘨，音动。吴任臣《山海经广注》云："杨慎《奇字韵》云：𫘨𫘨，今产于代州雁门谷口，俗呼为𬴂子，见则岁丰。音东。见《晋志》。曹学佺《名胜志》曰：代州谷中常产兽，其名曰𫘨。状如羊一目一角，目生耳后，鸣则自呼。"据此，则𫘨𫘨当为瑞兆之兽。但也有以为它是凶兆之兽的。胡文焕《山海经图说》云："此兽现时，主国内祸起，宫中大不祥也。"
③ 【虖沱之水】：即今滹沱河。海河水系的主要河流之一。
④ 【娄水】：娄，音楼。

再往北三百里，是泰戏之山，没有长草木，多产金、玉。有一种野兽，它的形状像羊，一只角、一只眼睛，眼睛长在耳朵的背后，它名叫𫘨𫘨，它的叫声就是自己名字的读音。虖沱之水从这里发源，向东流入娄水。液女之水发源于山的南面，向南流入沁水。

35 又北三百里，曰石山，多藏^①金玉。濩濩之水^②出焉，而东流注于虖沱；鲜于之水^③出焉，而南流注于虖沱。

注译

① 【藏】：音臧。善，好。
② 【濩濩之水】：濩，音互。即今大沙河。
③ 【鲜于之水】：即今清水河。

再往北三百里，是石山，山中多产金、玉。濩濩之水从这里发源，向东流入虖沱；鲜于之水从这里发源，向南流入虖沱。

36 又北二百里，曰童戎之山。皋涂之水出焉，而东流注于娄液水。

再往北二百里，是童戎之山。皋涂之水从这里发源，向东流入娄液水。

37 又北三百里，曰高是之山^①。滋水^②出焉，而南流注于虖沱，其木多棕，其草多条。滱水^③出焉，东流注于河。

注译

① 【高是之山】：当在今山西省灵丘县西北。

②【滋水】：滋，音资。一名兹水、灅水，中上游与今天的滋河相同，下游自河北省新乐县之南，南流至藁城县北入滹沱河。

③【泒水】：泒，音寇。即今唐河。

再往北三百里，是高是之山。滋水从这里发源，向南流入滹沱，山上的树多是棕树，山上的草多是条草。泒水从这里发源，向东流入河。

38 又北三百里，曰陆山，多美玉。郪水①出焉，而东流注于河。

注译

①【郪水】：郪，音姜。当出自今河北唐县或望都县某山，东流偏北经今清凉城又东注入黄河。

再往北三百里，是陆山，多产美玉。郪水从这里发源，向东流入河。

39 又北二百里，曰沂山①。般水②出焉，而东流注于河。

注译

①【沂山】：沂，音齐。约当在今河北唐县东北。

②【般水】：般，音盘。即今望都河。

再往北二百里，是沂山。般水从这里发源，向东流入河。

40 北百二十里，曰燕山，多婴石①。燕水②出焉，东流注于河。

注译

①【婴石】：即燕石，燕山所产的一种类似玉的石头。

②【燕水】：即今雹河，出自今河北省易县西南。

往北一百二十里，是燕山，多产婴石。燕水从这里发源，向东流入河。

41 又北山行五百里，水行五百里，至于饶山①。是无草木，多瑶碧，其兽多橐驼，其鸟多鹠。历虢之水②出焉，而东流注于河。其中有师鱼，食之杀人。

注译

①【饶山】：即尧山，在今河北省顺平县西，又名伊祁山。

②【历虢之水】：即《汉书·地理志》中的濡水，今曲逆河。

再往北沿山路走五百里，沿水路走五百里，就到了饶山。这座山没有草木，多产瑶碧，山中的野兽多是橐驼，山中的鸟多是鸦。历虢之水从这里发源，向东流入河。其中有师鱼，人吃了它会中毒而死。

㊷ 又北四百里，曰乾山，无草木，其阳有金玉，其阴有铁而无水。有兽焉，其状如牛而三足，其名曰獂①，其鸣自诙。

注译

①【獂】：音原。

再往北四百里，是乾山，没有草木，山南面有金、玉，山北面有铁，但没有水。有一种野兽，它的形状像牛却长着三只脚，它名叫獂，它的叫声就是自己名字的读音。

㊸ 又北五百里，曰伦山①。伦水②出焉，而东流注于河。有兽焉，其状如麋，其川③在尾上，其名曰羆④。

注译

①【伦山】：在今河北省涞源县以西。
②【伦水】：即今拒马河，为清河支流。
③【川】：臀部，也专指肛门。
④【羆】：当作"羆九"，与羆不同。

再往北五百里，是伦山。伦水从这里发源，向东流入河。有一种野兽，它的形状像麋，它的肛门长在尾巴上面，它名叫是羆九。

㊹ 又北五百里，曰碣石之山①。绳水出焉，而东流注于河，其中多蒲夷之鱼。其上有玉，其下多青碧。

注译

①【碣石之山】：当即今北京房山区大房山。

再往北五百里，是碣石之山。绳水从这里发源，向东流入河，其中有很多蒲夷鱼。山上出产玉，山下多产青碧。

㊺ 又北水行五百里，至于雁门之山①，无草木。

注译

①【雁门之山】：即今山西阳高与内蒙兴和、丰镇界上的雁门山。

再往北沿水路行五百里，到了雁门之山，没有草木。

46 又北水行四百里，至于泰泽。其中有山焉，曰帝都之山，广员百里，无草木，有金玉。

再往北走四百里水路，到了泰泽。其中有一座山，叫帝都之山，方圆一百里，没有草木，有金、玉。

47 又北五百里，曰锌于毋逢之山，北望鸡号之山，其风如飔[1]。西望幽都之山[2]，浴水出焉。是有大蛇，赤首白身，其音如牛，见则其邑大旱。

注译

① 【飔】：音利。形容急风的样子。
② 【幽都之山】：可能是对于北方诸山的泛指。

再往北五百里，是锌于毋逢之山，向北可以望见鸡号之山，那里的风非常猛烈。向西可以望见幽都之山，浴水从这里发源。山中有一种大蛇，红色的头、白色的身子，它的叫声像牛，一出现那个地方就会有大旱灾。

48 凡《北次三经》之首，自太行之山以至于无逢之山，凡四十六山，万二千三百五十里[1]。其神状皆马身而人面者廿神。其祠之，皆用一藻茞瘗之[2]。其十四神状皆彘身而载玉[3]。其祠之，皆玉，不瘗[4]。其十神状皆彘身而八足蛇尾。其祠之，皆用一璧瘗之。大凡四十四神，皆用稌糈米祠之，此皆不火食。

注译

① 【四十六山，万二千三百五十里】：今共计四十七山，一万二千四百四十里，当有错简。
② 【藻茞瘗之】：郭璞《山海经传》云："藻，聚藻；茞，香草，兰之类，音昌代反。"江绍原《中国古代旅行之研究》第一章注〔一〇〕谓疑是"藻珪"之误，其说近是。古祠神皆以玉瘗，未闻有以聚藻香草瘗之者。
③ 【载玉】：载，通"戴"。
④ 【皆玉，不瘗】：即虽然祭祀用玉，但并不掩埋。

《北次三经》这组山，自太行之山到无逢之山，一共四十六座山，行经一万二千三百五十里。山神外形都是马身人面，有二十座。祭祀它们，都是把藻茞埋入地下。另有十四山神的形状是猪的身子，佩带着玉。祭祀它们，都用玉，不埋入地下。还有十个山神外形都是猪身子，长着八只脚和蛇尾巴。祭祀它们，都是埋一块玉壁。总共四十四个山神，精米都要用稉米来祭祀，这些山神都是用生冷食物祭祀，不用火。

右北经之山志，凡八十七山，二万三千二百三十里^①。

注译

① 【二万三千二百三十里】：今本各山里距之和二万三千三百七十里。

右边是北经各山的记录，一共八十七座山，行程二万三千二百三十里。

山海经注译卷四

东山经

《东山经》所描述的地域范围，北起莱州湾，东抵成山角，西过泰山山脉，除《东次二经》南段部分到达今江苏、安徽二省外，其余皆在今山东省境内。

❶ 《东山经》之首，曰樕𧑙之山①，北临乾昧②。食水③出焉，而东北流注于海。其中多鳙鳙之鱼，其状如犁牛，其音如彘鸣。

注译

① 【樕𧑙之山】：樕，音速。𧑙，音朱。今山东省淄博市淄川区东北的黉山。
② 【乾昧】：今临淄齐国故城西的愚公山。
③ 【食水】：即时水，古水名。今名乌河。

《东山经》这组山的第一座是樕𧑙之山，北面与乾昧相邻。食水从这里发源，向东北流入海。其中有很多鳙鳙鱼，它的形状像犁牛，叫声像猪叫。

❷ 又南三百里，曰藟山①，其上有玉，其下有金。湖水②出焉，东流注于食水，其中多活师。

注译

① 【藟山】：藟，音磊。今山东省青州市西的九回山，俗名九扈山。
② 【湖水】：今青州、寿光境内的北洋河。

再往南三百里，是藟山，山上有玉，山下有金。湖水从这里发源，向东流入食水，水中有很多活师。

❸ 又南三百里，曰枸状之山①，其上多金玉，其下多青碧石。有兽焉，其状如犬，六足，其名曰从从，其鸣自詨。有鸟焉，其状如鸡而鼠毛，其名曰蚩鼠②，见则其邑大旱。泚水③出焉，而北流注于湖水。其中多箴鱼，其状如儵，其喙如箴，食之无疫疾。

注译

① 【枸状之山】：当即今淄博市旧博山县东南的岳阳山。
② 【蚩鼠】：蚩，音资。
③ 【泚水】：即淄水，今名淄河。泚，音旨。

再往南三百里，是枸状之山，山上多产金、玉，山下多产青碧石。有一种野兽，它的形状像狗，六只脚，它名叫从从，它的叫声就是自己名字的读音。有一种鸟，它的形状像鸡却长着老鼠的毛，它名叫蚩鼠，它一出现那个地方就会有大旱灾。汜水从这里发源，向北流入湖水。其中有很多箴鱼，它的形状像儵鱼，嘴像长针，人吃了它就不会染上疫病。

❹ 又南三百里，曰勃亝①之山，无草木，无水。

注译

①【亝】：音齐，"齐"的篆文。

再往南三百里，是勃亝之山，没有草木，没有水。

❺ 又南三百里，曰番条之山，无草木，多沙。减水①出焉，北流注于海，其中多鱤鱼②。

注译

①【减水】：即今孝妇河。其所发源的凤凰山即番条之山。
②【鱤鱼】：鱤，音感。

再往南三百里，是番条之山，没有草木，多是沙子。减水从这里发源，向北流入海，其中有很多鱤鱼。

❻ 又南四百里，曰姑儿之山，其上多漆，其下多桑、柘。姑儿之水①出焉，北流注于海，其中多鱤鱼。

注译

①【姑儿之水】：即今獭河。其发源于今山东章丘、邹平界上的长白山即姑儿之山。

再往南四百里，是姑儿之山，山多有漆树，山下多有桑树、柘树。姑儿水从这里发源，向北流入海，其中有很多鱤鱼。

❼ 又南四百里，曰高氏之山，其上多玉，其下多箴石①。诸绳之水出焉，东流注于泽，其中多金玉。

注译

①【箴石】：箴，音真。可以用来制作针灸用砭石的石头。

再往南四百里，是高氏之山，山上多产玉，山下多产箴石。诸绳之水从这里发源，向东流入泽，其中多产金、玉。

❽ 又南三百里，曰岳山，其上多桑，其下多樗。泺水①出焉，东流注于泽，其中多金玉。

注译

① 【泺水】：泺，音洛。古水名。源于今山东省济南市西南，今名泺河。所注之泽当在历城县东。其所发源的狱山当在济南市西南，是泰山山脉的一个支脉。

再往南三百里，是岳山，山上多桑树，山下多樗树。泺水从这里发源，向东流入泽，其中多产金、玉。

❾ 又南三百里，曰犲山①，其上无草木，其下多水，其中多堪孖②之鱼。有兽焉，其状如夸父而彘毛，其音如呼，见则天下大水。

注译

① 【犲山】：犲，音柴。犲的别字。此山与下文的独山，应皆在今历城、长清境内。
② 【孖】：音序。

再往南三百里，是犲山，山上没有草木，山下多有流水，水中有很多堪孖鱼。有一种野兽，它的形状像夸父却长着猪毛，它的叫声像人呼喊，它一出现天下就会发生水灾。

❿ 又南三百里，曰独山，其上多金玉，其下多美石。末涂之水出焉，而东南流注于沔，其中多儵蠵①，其状如黄蛇，鱼翼，出入有光，见则其邑大旱。

注译

① 【儵蠵】：儵，音条。蠵，音雍。

再往南三百里，是独山，山上多产金、玉，山下有很多漂亮的石头。末涂之水从这里发源，向东南流入沔水，其中有很多儵蠵，它的形状像黄蛇，有鱼鳍，出入时会发光，它一出现那里就会有大旱灾。

⓫ 又南三百里，曰泰山①，其上多玉，其下多金。有兽焉，其状如豚而有珠，名曰狪狪②，其鸣自訆。环水出焉，东流注于江③，其中多水玉。

注译

① 【泰山】：即今东岳泰山。此处所指，可能仅是其主峰。《山经》中多有此例。
② 【狪狪】：狪，音同。吴任臣《山海经广注》云："盖物有珠者，瀛洲之绀翼，滥水之鳖鱼，与夫

珠母、文鱽、龙虵、蛛鳖之属，为种不一。最异者狪狪以兽而孕珠，殆犹之羊哀马墨鹿璃狐媚珠也。又顾氏《说略》载，易定之水马吐珠，刘錤之苑羊吐珠，更为物类之变矣。"

③【江】：当作"汶"，即汶水，今大汶河。

再往南三百里，是泰山，山上多产玉，山下多产金。有一种野兽，它的形状像猪，但体内有珠子，名叫狪狪，它的叫声就是自己名字的读音。环水从这里发源，向东流入汶水，其中有很多水晶。

⑫ 又南三百里，曰竹山，锖于江①，无草木，多瑶碧。激水出焉，而东南流注于娶檀之水，其中多茈蠃②。

注译

①【江】：也当作"汶"，则竹山当在今大汶河南岸。
②【茈蠃】："蠃"当作"蠃"，紫色螺。

再往南三百里，是竹山，坐落在汶水边上，没有草木，多产瑶碧。激水从这里发源，向东南流入娶檀之水，其中有很多紫色螺。

⑬ 凡《东山经》之首，自樕𧑟之山以至于竹山，凡十二山，三千六百里。其神状皆人身龙首。祠：毛用一犬，祈耹①用鱼。

注译

①【耹】：当作"衈"，音耳。祈衈，衅礼的一种，杀牲取血以涂器物的一种祭祀。

总计《东山经》这组山，自樕𧑟之山到竹山，一共十二座，行经三千六百里。各山神的外形都是人的身子、龙的头。祭祀：用一只纯色的狗，用鱼行祈衈之礼。

东次二经

①《东次二经》之首，曰空桑之山①，北临食水②，东望沮吴，南望沙陵，西望㟟泽③。有兽焉，其状如牛而虎文，其音如钦，其名曰轸轸④，其鸣自叫，见则天下大水。

注译

① 【空桑之山】：在今山东曲阜北小汶河南岸。
② 【食水】：此处的食水与上文的食水并不是同一条河流。
③ 【㟟泽】：㟟，音民。
④ 【轸轸】：轸，音零。

《东次二经》这组山的第一座叫空桑之山，北面临近食水，向东可以望见沮吴，向南可以望见沙陵，向西可以望见㟟泽。有一种野兽，它的形状像牛却有老虎的花纹，它的声音像人在呻吟叹息，它名叫轸轸，它的叫声就是自己名字的读音，它一出现天下就会有水灾。

② 又南六百里，曰曹夕之山，其下多榖而无水，多鸟兽。

再往南六百里，是曹夕之山，山下多有构树，没有水流，有许多鸟兽。

③ 又西南四百里，曰峄皋之山①，其上多金玉，其下多白垩。峄皋之水出焉，东流注于激女之水②，其中多蜃珧③。

注译

① 【峄皋之山】：即今山东省邹县东南峄山。
② 【激女之水】：女，音汝。或即今峄山之东有白沙河，激女之水或即白沙河流注的昭阳湖。
③ 【蜃珧】：蜃，音甚。珧，音遥。一种小蚌类。

再往西南四百里，是峄皋之山，山上多产金、玉，山下多产白垩。峄皋之水从这里发源，向东流入激女之水，水中有很多蜃珧。

④ 又南水行五百里，流沙三百里，至于葛山之尾①，无草木，多砥砺。

注译

① 【葛山之尾】：此山与下面的葛山之首，疑即今江苏沛县东南的葛墟岭和邳县西南的葛峄山。

再往南走五百里水路，过三百里流沙，到了葛山的尾端，没有草木，多产砥砺。

⑤ 又南三百八十里，曰葛山之首，无草木。澧水出焉，东流注于余泽，其中多珠鳖鱼①，其状如肺而有目，六足有珠，其味酸甘，食之无疠。

注译

①【珠鳖鱼】：鳖，音憋，古鳖字。

再往南三百八十里，是葛山的首端，没有草木。澧水从这里发源，向东流入余泽，水中有很多珠鳖鱼，它的形状像肺，有眼睛，六只脚，体内还有珠子，它的味道是酸甜的，人吃了它就不会得疫病。

⑥ 又南三百八十里，曰徐峨之山，其上多梓、楠，其下多荆、芑①。杂余之水出焉，东流注于黄水。有兽焉，其状如菟而鸟喙，鸱目蛇尾，见人则眠②，名曰犰狳③，其鸣自訆，见则螽、蝗为败④。

注译

①【芑】：通"杞"，枸杞。
②【见人则眠】：遇见人便装死。
③【犰狳】：犰，音求。狳，音余。袁珂、王念孙、郝懿行皆校作"犰狳"，非是，说详俞樾《诸子平议补录》。犰、狳二字俱不见于《说文解字》，盖古本作"仇余"，后人传抄加"犬"，许公之时尚未加"犬"，故《说文解字》不收。吴任臣《山海经广注》云："《篇海》曰：狳兽似兔，鸟喙鸱目。《兽经》云：山都见人则走，犰狳见人则眠。"现在我国将一种独产于中南美洲，俗称"披甲猪"的贫齿目哺乳动物译为犰狳，与此处的犰狳没有任何关系。
④【螽、蝗为败】：螽、蝗本是一物。"为败"，伤毁田间作物。

再往南三百八十里，是徐峨之山，山上多生梓树和楠树，山下多有荆棘和枸杞。杂余之水从这里发源，向东流入黄水。有一种野兽，它的形状像兔子，鸟的嘴，鸱的眼睛，蛇的尾巴，一看见人就装死，名叫犰狳，它的叫声就是自己名字的读音，它一出现就会有蝗灾。

⑦ 又南三百里，曰杜父之山，无草木，多水。

再往南三百里，是杜父之山，没有草木，多有流水。

⑧ 又南三百里，曰耿山，无草木，多水碧，多大蛇。有兽焉，其状如狐而鱼翼，其名曰朱獳，其鸣自訆，见则其国有恐。

再往南三百里，是耿山，没有草木，多产水晶石，有很多大蛇。有一种野兽，它的形状像狐狸，长着鱼鳍，它名叫朱獳，它的叫声就是自己名字的读音，他一出现那个国家就会有恐慌。

⑨ 又南三百里，曰卢其之山，无草木，多沙石。沙水出焉，南流注于涤水，其中多鹭鹕^①，其状如鸳鸯而人足，其鸣自訕，见则其国多土功。

注译

① 【鹭鹕】：鹭，音离。鹕，音胡。即今鹈鹕。

再往南三百里，是卢其之山，没有草木，多是沙石。沙水从这里发源，向南流入涤水，其中有很多鹈鹕，它的形状像鸳鸯，人的脚，它的叫声就是自己名字的读音，它一出现那个国家里就会有很多工程。

⑩ 又南三百八十里，曰姑射之山^①，无草木，多水。

注译

① 【姑射之山】：此处的姑射之山，以及下文的北姑射之山、南姑射之山都与今山西省临汾的姑射山无关。具体方位已不可考。

再往南三百八十里，是姑射之山，没有草木，多有流水。

⑪ 又南水行三百里，流沙百里，曰北姑射之山，无草木，多石。

再往南行三百里水路，过一百里流沙，是北姑射之山，没有草木，多有石头。

⑫ 又南三百里，曰南姑射之山，无草木，多水。

再往南三百里，是南姑射之山，没有草木，多有流水。

⑬ 又南三百里，曰碧山，无草木，多大蛇，多碧、水玉。

再往南三百里，是碧山，没有草木，有许多大蛇，多产碧、水玉。

⑭ 又南五百里，曰缑氏之山^①，无草木，多金玉。原水出焉，东流注于沙泽。

注译

① 【缑氏之山】：缑，音勾。

再往南五百里，是缑氏之山，没有草木，多产金、玉。原水从这里发源，向东流入沙泽。

⑮ 又南三百里，曰姑逢之山，无草木，多金玉。有兽焉，其状如狐而有翼，其音如鸿雁，其名曰獙獙①，见则天下大旱。

注译

①【獙獙】：獙，音敝。

再往南三百里，是姑逢之山，没有草木，多产金、玉。有一种野兽，它的形状像狐狸，有翅膀，它的叫声像大雁，它名叫獙獙，它一出现天下就会大旱。

⑯ 又南五百里，曰凫丽之山，其上多金玉，其下多箴石。有兽焉，其状如狐，而九尾、九首、虎爪，名曰蠪蛭①，其音如婴儿，是食人。

注译

①【蠪蛭】：蠪，音龙。

再往南五百里，是凫丽之山，山上多产金、玉，山下多产箴石。有一种野兽，它的形状像狐狸，有九条尾巴、九个脑袋、老虎的爪子，名叫蠪蛭，它的叫声像婴儿的叫声，能吃人。

⑰ 又南五百里，曰磹山①，南临磹水，东望湖泽。有兽焉，其状如马，而羊目、四角、牛尾，其音如獆狗，其名曰𪎭𪎭②，见则其国多狡客③。有鸟焉，其状如凫而鼠尾，善登木，其名曰絜钩④，见则其国多疫。

注译

①【磹山】：磹，音阴。可能是今安徽省宿州市西北的睢阳山。山南有睢水，当即磹水。东北古有湃湖，今已磹，当即湖泽。
②【𪎭𪎭】：𪎭，音由。
③【狡客】：奸人。
④【絜钩】：絜，音协。

再往南五百里，是磹山，南面靠近磹水，向东可以望见湖泽。有一种野兽，它的形状像马，羊的眼睛、四只角、牛的尾巴，它的叫声像獆狗，它名叫𪎭𪎭，它一出现那个国家就会有很多奸人。有一种鸟，它的形状像凫，老鼠的尾巴，擅长爬树，它名叫絜钩，它一出现那个国家就会多发瘟疫。

⑱ 凡《东次二经》之首，自空桑之山至于䃌山，凡十七山，六千六百四十里。其神状皆兽身人面载觡①。其祠：毛用一鸡祈，婴②用一璧瘗。

注译

①【觡】：音格。本指动物的实心角。此处专指麋和鹿的角。
②【婴】：所指不详，以下遇到同样的用法都不译。

总计《东次二经》这组山，从空桑之山到䃌山，一共十七座，行经六千六百四十里。各山神的外形都是野兽的身子，人的面孔，头上有鹿角。祭祀它们：用一只纯色的鸡行祈礼，婴用一块玉璧埋入地下。

东次三经

1 又《东次三经》之首，曰尸胡之山^①，北望㺄山^②，其上多金玉，其下多棘。有兽焉，其状如麋而鱼目，名曰妴胡^③，其鸣自訆。

注译

① 【尸胡之山】：疑即今山东烟台市北的芝罘山。

② 【㺄山】：㺄，音详。疑即今烟台长岛县境内的长山岛。

③ 【妴胡】：妴，音晚。

《东次三经》这组山的第一座，叫尸胡之山，向北可以望见㺄山，山上多产金、玉，山下多棘树。有一种野兽，它的形状像麋鹿，有鱼一样的眼睛，名叫妴胡，它的叫声就是自己名字的读音。

2 又南水行八百里，曰岐山，其木多桃、李，其兽多虎。

再往南沿水路前行八百里，是岐山，山中的树木多是桃树和李树，山中的野兽多是老虎。

3 又南水行五百里，曰诸钩之山，无草木，多沙石。是山也，广员百里，多寐鱼^①。

注译

① 【寐鱼】：寐，音媚。

再往南沿水路前行五百里，是诸钩之山，没有草木，多是沙石。这座山，方圆一百里，有很多寐鱼。

4 又南水行七百里，曰中父之山，无草木，多沙。

再往南沿水路前行七百里，是中父之山，没有草木，多是沙子。

5 又东水行千里，曰胡射之山，无草木，多沙石。

再往东沿水路前行一千里，是胡射之山，没有草木，多是沙石。

6 又南水行七百里，曰孟子之山，其木多梓、桐，多桃、李，其草多菌、蒲，其兽多麋、鹿。是山也，广员百里。其上有水出焉，名曰碧阳，其中多鳣、鲔^①。

注译

① 【鳣、鲔】：鳣，音占。鲔，音伟。都是指鲜鱼。

再往南沿水路前行七百里，是孟子之山，山中的树木多是梓树、桐树、桃树和李树，山中的草大多是菌类和蒲草，山中的野兽多是麋、鹿。这座山，方圆一百里。山上有条河发源，名叫碧阳，其中有很多鳣鱼和鲔鱼。

7 又南水行五百里，曰流沙，行五百里，有山焉，曰跂踵之山，广员二百里，无草木，有大蛇，其上多玉。有水焉，广员四十里皆涌，其名曰深泽，其中多蠵龟①。有鱼焉，其状如鲤，而六足鸟尾，名曰鲐鲐之鱼②，其名自訆。

注译

① 【蠵龟】：蠵，音西。海产的一种大龟，体长可达一米。
② 【鲐鲐之鱼】：鲐，音革。

再往南沿水路前行五百里，是流沙，再前行五百里，有一座山，叫跂踵之山，方圆二百里，没有草木，有大蛇，山上多产玉。有片大泽，方圆四十里都在涌水，它名叫深泽，其中有很多蠵龟。有一种鱼，它的形状像鲤鱼，有六只脚和鸟的尾巴，名叫鲐鲐鱼，它的叫声就是自己名字的读音。

8 又南水行九百里，曰踇隅之山，其上多草木，多金玉，多赭。有兽焉，其状如牛而马尾，名曰精精，其鸣自訆。

再往南沿水路前行九百里，是踇隅之山，山上多有草木，多产金、玉，多产赭石。有一种野兽，它的形状像牛，有马一样的尾巴，名叫精精，它的叫声就是自己名字的读音。

9 又南水行五百里，流沙三百里，至于无皋之山①，南望幼海②，东望榑木③，无草木，多风。是山也，广员百里。

注译

① 【无皋之山】：当即今山东省荣成成山角。此处是中国最早看见海上日出的地方，与东望扶桑正相对应。
② 【幼海】：疑即今成山角附近的荣成湾或桑沟湾。
③ 【榑木】：即扶桑，日出之所。

再往南沿水路前行五百里，过三百里流沙，到了无皋之山，向南可以望见幼海，向东可以望见榑木，没有草木，经常刮风。这座山，方圆一百里。

❿ 凡《东次三经》之首，自尸胡之山至于无皋之山，凡九山，六千九百里。其神状皆人身而羊角。其祠：用一牡羊，米用黍。是神也，见则风雨水为败。

总计《东次三经》这组山，自尸胡之山到无皋之山，一共九座，行经六千九百里。各山神的形貌都是人的身子，长着羊角。祭祀它们：用一只公羊献祭，祀神的米用黄米。这些山神出现的时候，风雨水灾将淹没田亩与作物。

东次四经

1 又《东次四经》之首，曰北号之山①，临于北海。有木焉，其状如杨，赤华，其实如枣而无核，其味酸甘，食之不疟。食水出焉，而东北流注于海。有兽焉，其状如狼，赤首鼠目，其音如豚，名曰猲狙②，是食人。有鸟焉，其状如鸡而白首，鼠足而虎爪，其名曰鬿雀③，亦食人。

注译

① 【北号之山】：当是今小清河畔的一个丘阜，临于莱州湾。

② 【猲狙】：当作"猲狟"。猲，音格。狟，音居。或即是野狼的一种。郝懿行据《玉篇》《广韵》校改，王念孙校同。而毕沅以为《玉篇》《广韵》皆误。其以为"猲狟"即狟。《山海经新校正》中曰："此即狟也。《说文解字》云：狟，獶属。《释文·庄子音义》云：司马云，狟一名猲𤝔，似猨而狗头，喜与猨交也。即此狟。'𤝔'音相传犹'狟'字两音矣。"案：獶、猨都是猕猴一类的动物，同经文之"其状如狼"大不相类，毕说不可从。

③ 【鬿雀】：鬿，音齐。

《东次四经》这组山的第一座叫北号之山，坐落在北海岸边。有一种树，它的形状像杨树，红色的花，果实像枣但没有核，它的味道是酸甜的，人吃了它可以不得疟疾。食水从这里发源，向东北流入海。有一种野兽，它的形状像狼，红色的头，老鼠一样的眼睛，它的叫声像猪，名叫猲狙，能吃人。有一种鸟，它的形状像鸡，白色的头，老鼠一样的脚，脚上却长着老虎似的爪子，它名叫鬿雀，能吃人。

2 又南三百里，曰旄山，无草木。苍体之水出焉，而西流注于展水。其中多鱃鱼①，其状如鲤而大首，食者不疣。

注译

① 【鱃鱼】：鱃，音修。即鳙鱼，俗称花鲢、胖头鱼。

再往南三百里，是旄山，没有草木。苍体水从里发源，向西流入展水。其中有很多鱃鱼，它的形状像鲤鱼，头很大，吃了可以不生赘疣。

3 又南三百二十里，曰东始之山①，上多苍玉。有木焉，其状如杨而赤理，其汁如血，不实，其名曰芑，可以服马②。泚水③出焉，而东北流注于海，其中多美贝，多茈鱼④，其状如鲋，一首而十身，其臭如虈芜，食之不糟⑤。

注译

① 【东始之山】：当是今山东临朐县东、昌乐县南的某座山。

② 【可以服马】：可以使马驯服。

③【沘水】：当是今尧河、大小丹河、大于河中的某一条河。
④【茈鱼】：此鱼当与上文譙明厄之山何罗之鱼一样，是章鱼的一种。
⑤【糖】："屁"的古字。

再往南三百二十里，是东始之山，山上多产苍玉。有一种树，它的形状像杨树，有红色的花纹，它的树汁像血，不结果，它名叫芑，把汁液涂在马的身上可以使马驯服。沘水从这里发源，向东北流入海，其中有许多美贝，有很多茈鱼，它的形状像鲋鱼，一个脑袋，十个身子，它的气味像麋芜，吃了它可以不放屁。

❹ 又东南三百里，曰女烝之山，其上无草木。石膏水出焉，而西注于鬲水①，其中多薄鱼，其状如鳣鱼而一目，其音如欧②，见则天下大旱。

注译

①【鬲水】：即鬲津。古水名，已埋。故道在今山东省平原县西北，另一说在今德州市，东流入海。
②【其音如欧】：如人呕吐声。

再往东南三百里，是女烝之山，山上没有草木。石膏之水从这里发源，向西流入鬲水，其中有很多薄鱼，它的形状像鳣鱼，只有一只眼睛，它的叫声像人在呕吐，它一出现天下就会大旱。

❺ 又东南二百里，曰钦山，多金玉而无石。师水出焉，而北流注于皋泽，其中多鳡鱼，多文贝。有兽焉，其状如豚而有牙，其名曰当康，其鸣自叫，见则天下大穰。

再往东南二百里，是钦山，多产金、玉，没有石头。师水从这里发源，向北流入皋泽，其中有很多鳡鱼，有很多文贝。有一种野兽，它的形状像猪，有牙，它名叫当康，它的叫声就是自己名字的读音，它一出现天下就要大丰收。

❻ 又东南二百里，曰子桐之山，子桐之水出焉，而西流注于馀如之泽。其中多鲭鱼，其状如鱼而鸟翼，出入有光，其音如鸳鸯，见则天下大旱。

再往东南二百里，是子桐之山。子桐之水从这里发源，向西流入馀如之泽。其中生长着很多鲭鱼，它的形状像鱼，长着鸟的翅膀，出入时会发光，它的叫声像鸳鸯，它一出现天下就会大旱。

❼ 又东北二百里，曰剡山①，多金玉。有兽焉，其状如彘而人面，黄身而赤

尾，其名曰合窳^②，其音如婴儿。是兽也，食人，亦食虫蛇，见则天下大水。

注译

① 【刿山】：刿，音扇。
② 【合窳】：窳，音雨。当是野猪的一种。

　　再往东北二百里，是刿山，多产金、玉。有一种野兽，它的形状像猪，长着人的面孔，黄色的身体，红色的尾巴，它名叫合窳，它的叫声像婴儿，这种野兽，吃人，也吃虫蛇，它一出现天下就会发生水灾。

❽ 又东二百里，曰太山^①，上多金玉、桢木。有兽焉，其状如牛而白首，一目而蛇尾，其名曰蜚，行水则竭，行草则死，见则天下大疫。钩水^②出焉，而北流注于劳水^③，其中多鳝鱼。

注译

① 【太山】：当是东泰山，今名沂山。
② 【钩水】：即今弥河。
③ 【劳水】：即今尧河。

　　再往东二百里，是太山，山上多产金、玉、桢木。有一种野兽，它的形状像牛，白色的头，一只眼睛，蛇一样的尾巴，它名叫蜚，走到水里水就干涸，走到草地草就枯死，它一出现天下就会流行大瘟疫。钩水从这里发源，向北流入劳水，其中有很多鳝鱼。

❾ 凡《东次四经》之首，自北号之山至于太山，凡八山，一千七百二十里。

　　总计《东次四经》这组山，自北号之山到太山，一共八座，行经一千七百二十里。

右东经之山志，凡四十六山，万八千八百六十里。

　　右边是东经各山的记录，一共四十六座山，行程一万八千八百六十里。

山海经注译卷五

中山经

《中山经》所描述的地域范围大致为：东起江淮一带，西抵岷山，南至洞庭湖，北抵中条山脉。

1 《中山经》薄山①之首，曰甘枣之山②。共水③出焉，而西流注于河。其上多枏木，其下有草焉，葵本而杏叶，黄华而荚实，名曰蓇④，可以已瞢⑤。有兽焉，其状如䶉鼠⑥而文题，其名曰难⑦，食之已瘿。

注译

① 【薄山】：即蒲山、襄山，在今山西省永济市西蒲州附近，属中条山脉。
② 【甘枣之山】：亦属中条山脉。
③ 【共水】：即蓼水，在今山西省芮城县。
④ 【蓇】：音拓。
⑤ 【瞢】：音萌。眼睛看不清东西。
⑥ 【䶉鼠】：䶉，音独。"独"的古字。
⑦ 【难】：音挪。

《中山经》薄山这一组山，第一座叫甘枣之山。共水从这里发源，向西流入河。山上多有枏树，山下有一种草，葵菜的茎根，杏树的叶子，黄色的花，豆荚一样的果实，名叫蓇，吃了它可以治疗眼睛昏花。有一种野兽，它的形状像䶉鼠，而额头上有花纹，它名叫难，吃了它可以治好脖子上的肿块。

2 又东二十里，曰历儿之山①，其上多橿，多枥木②，是木也，方茎而员叶，黄华而毛，其实如楝③，服之不忘。

注译

① 【历儿之山】：即今历山，在山西省永济市。
② 【枥木】：枥，音厉。
③ 【楝】：音恋。

再往东二十里，是历儿之山，山上多长有橿树和枥树。这些树，树干是方的，叶子是圆的，黄色的花上长有毛，果实像楝树的果，吃了它可以不健忘。

3 又东十五里，曰渠猪之山①，其上多竹。渠猪之水出焉，而南流注于河。其中是多豪鱼，状如鲔，赤喙尾，赤羽，可以已白癣。

注译

① 【渠猪之山】：张步天以为在今山西芮城县北。

再往东十五里，是渠猪之山，山上多有竹子。渠猪之水从这里发源，向南流入河。其中有很多豪鱼，样子像鲔鱼，嘴、尾巴还有鳍都是红色的，可以用来治疗白癣。

4 又东三十五里，曰葱聋之山，其中多大谷，是多白垩，黑、青、黄垩。

再往东三十五里，是葱聋之山，山间有许多大谷，谷里多产白垩，也多产黑、青、黄三种垩。

5 又东十五里，曰湋山①，其上多赤铜，其阴多铁。

注译

①【湋山】：湋，音窝。

再往东十五里，是湋山，山上多产赤铜，山的北面多产铁。

6 又东七十里，曰脱扈之山。有草焉，其状如葵叶而赤华，荚实，实如棕荚，名曰植楮，可以已癙①，食之不眯。

注译

①【癙】：音属。即瘘管。

再往东七十里，是脱扈之山。有一种草，它的形状像葵叶，红色的花，豆荚一样的果实，像棕榈树的果子，名叫植楮，可以治疗瘘管，吃了它就不会梦魇。

7 东二十里，曰金星之山，多天婴，其状如龙骨，可以已痤①。

注译

①【痤】：皮肤上的肿块。

往东二十里，是金星之山，有很多天婴，它的形状像龙骨，可以治疗皮肤上的肿块。

8 又东七十里，曰泰威之山，其中有谷曰枭谷，其中多铁。

再往东七十里，是泰威之山，山中有个谷叫枭谷，其中多产铁。

9 又东十五里，曰橿谷之山，其中多赤铜。

再往东十五里，是櫃谷之山，山中多产赤铜。

⑩ 又东百二十里，曰吴林之山^①，其中多蓋草^②。

注译

① 【吴林之山】：即吴山，又名虞山、吴坂，在今山西省平陆县东北，古虞国境内。
② 【蓋草】：音监。即茅草。

再往东一百二十里，是吴林之山，山中多生蓋草。

⑪ 又北三十里，曰牛首之山^①。有草焉，名曰鬼草，其叶如葵而赤茎，其秀如禾，服之不忧。劳水出焉，而西流注于潏水^②。是多飞鱼，其状如鲋鱼，食之已痔衕^③。

注译

① 【牛首之山】：即今山西省浮山县东的乌岭山。
② 【潏水】：潏，音绝。今三交河，在山西省临汾市。
③ 【痔衕】：衕，音洞。即痔漏。

再往北三十里，是牛首之山。有一种草，名叫鬼草，它的叶子像葵菜，茎干是红色的，像禾苗一样抽穗，吃了它就可以没有忧愁。劳水从这里发源，向西流注入潏水。其中有很多飞鱼，它的形状像鲋鱼，吃了它可以治疗痔漏。

⑫ 又北四十里，曰霍山^①，其木多榖。有兽焉，其状如狸，而白尾有鬣，名曰朏朏^②，养之可以已忧。

注译

① 【霍山】：在今山西省霍县东南。
② 【朏朏】：朏，音匪。

再往北四十里，是霍山，山上的树多是构树。有一种野兽，它的形状像狸，白色的尾巴，长有鬣毛，名叫朏朏，饲养它可以消除忧愁。

⑬ 又北五十二里，曰合谷之山，是多蓍棘^①。

注译

① 【蓍棘】：蓍，音沾。即颠棘，又名天门冬。

再往北五十二里，是合谷之山，山中有很多蕡棘。

⑭ 又北三十五里，曰阴山，多砺石、文石。少水①出焉，其中多雕棠，其叶如榆叶而方，其实如赤菽②，食之已聋。

注译

① 【少水】：即今沁水。源出今山西沁源县北。
② 【赤菽】：赤小豆。菽，音属。豆类。

再往北三十五里，是阴山，有很多砺石、文石。少水从这里发源，其中有很多雕棠，它的叶子像榆叶，却是方形的，它的果实像赤小豆，吃了它可以治疗耳聋。

⑮ 又东北四百里，曰鼓镫之山，多赤铜。有草焉，名曰荣草，其叶如柳，其本如鸡卵，食之已风。

再往东北四百里，是鼓镫之山，多产赤铜。有一种草，名叫荣草，它的叶子像柳树叶，它的根茎像鸡蛋，吃了它可以治疗风疾。

⑯ 凡薄山之首，自甘枣之山至于鼓镫之山，凡十五山，六千六百七十里。历儿，冢也，其祠礼：毛，太牢之具；县以吉玉①。其余十三山者，毛用一羊，县婴用桑封，瘗而不糈。桑封者，桑主也②，方其下而锐其上，而中穿之加金。

注译

① 【县以吉玉】：指祭祀时将玉悬挂在山林中。
② 【桑封者，桑主也】：江绍原《中国古代旅行之研究》第一章注[一〇]认为，经文"桑封"系"桑珪"之误，"桑主"即"藻玉"，婴系以玉献神之专称，可供参考。汪绂则以为，"封"当为"卦"，卦同圭，即用桑木做成的圭形的神主。较江说为胜。

总计薄山这组山，自甘枣之山到鼓镫之山，一共十五座，行经六千六百七十里。历儿之山，是诸山的宗主，祭祀它的典礼：毛物，用太牢，再悬挂上吉玉。祭祀其余十三座山，毛物用一只羊，悬婴用桑封，只埋祭品而不用精米。所谓桑封，就是桑木做成的圭形的神主，下面方，上面尖，中间有穿孔，用黄金装饰。

中次二经

①《中次二经》济山之首，曰辉诸之山①，其上多桑，其兽多闾、麋，其鸟多鹘②。

注译

①【辉诸之山】：辉，音辉。
②【鹘】：音何。鸟名，样子像野鸡，勇猛善斗。

《中次二经》济山这组山的第一座叫辉诸之山，山上多桑树，山中的野兽多是闾和麋，山中的鸟多是鹘。

② 又西南二百里，曰发视之山，其上多金玉，其下多砥砺。即鱼之水出焉，而西流注于伊水①。

注译

①【伊水】：即今伊河。发源于河南省栾川县，流经嵩县、伊川，穿伊阙而入洛阳，东北至偃师注入洛水。

再往西南二百里，是发视之山，山上多产金、玉，山下多产砥砺。即鱼之水从这里发源，向西流注入伊水。

③ 又西三百里，曰豪山，其上多金玉而无草木。

再往西三百里，是豪山，山上多产金、玉而没有草木。

④ 又西三百里，曰鲜山，多金玉，无草木。鲜水①出焉，而北流注于伊水。其中多鸣蛇，其状如蛇而四翼，其音如磬，见则其邑大旱。

注译

①【鲜水】：约在今河南省嵩县西南。

再往西三百里，是鲜山，多产金、玉，没有草木。鲜水从这里发源，向北流注入伊水。其中有很多鸣蛇，它的形状像蛇而有四个翅膀，它的声音像敲击磬石一样，它一出现那个地方就会有大旱。

⑤ 又西三百里，曰阳山①，多石，无草木。阳水出焉，而北流注于伊水。其中多化蛇，其状如人面而豺身，鸟翼而蛇行，其音如叱呼，见则其邑大水。

注译

①【阳山】：在今河南省嵩县西南。

再往西三百里，是阳山，有很多石头，没有草木。阳水从这里发源，向北流注入伊水。其中有很多化蛇，它的形状是人的面孔、豺的身子、鸟的翅膀，但能像蛇一样爬行，它的叫声像人呼喊，它一出现那个地方就会有大洪水。

6 又西二百里，曰昆吾之山，其上多赤铜。有兽焉，其状如彘而有角，其音如号①，名曰蚛蚳，食之不眯。

注译

①【其音如号】：声音像人的号哭。

再往西二百里，是昆吾之山，山上多产赤铜。有一种野兽，它的形状像猪但有角，它的叫声像人号哭，名叫蚛蚳，吃了它就不会梦魇。

7 又西百二十里，曰葌山①，葌水出焉，而北流注于伊水，其上多金玉，其下多青雄黄。有木焉，其状如棠而赤叶，名曰芒草②，可以毒鱼。

注译

①【葌山】：葌，音间。当在今河南省栾川县北。
②【芒草】：即今狭叶茴香，似石楠而叶稀，有毒。

再往西一百二十里是葌山，葌水从这里发源，向北流注入伊水，山上多产金、玉，山下多产青雄黄。有一种树，它的形状像棠树，红色的叶子，名叫芒草，可以毒死鱼。

8 又西一百五十里，曰独苏之山，无草木而多水。

再往西一百五十里，是独苏之山，没有草木，有很多水流。

9 又西二百里，曰蔓渠之山①，其上多金玉，其下多竹、箭。伊水出焉，而东流注于洛。有兽焉，其名曰马腹，其状如人面虎身，其音如婴儿，是食人。

注译

①【蔓渠之山】：即今河南省栾川县西的冈顿岭，属熊耳山脉。

再往西二百里，是蔓渠之山，山上多产金、玉，山下多产竹子和箭竹。伊水从这里发源，向东流注入洛。有一种野兽，它名叫马腹，它的形状是人的面孔、老虎的身子，它的叫声像婴儿，会吃人。

❿ 凡济山之首，自辉诸之山至于蔓渠之山，凡九山，一千六百七十里①。其神皆人面而鸟身。祠用毛，用一吉玉，投而不糈。

注译

① 【一千六百七十里】：今核定全经里数合计一千七百七十里，疑"六"当为"七"字之讹。

总计济山这组山，自辉诸之山到蔓渠之山，一共九座山，行经一千六百七十里。这里的神都是人的面孔、鸟的身子。祭祀用毛物，用一块吉玉，投往山中，不用精米。

中次三经

❶ 《中次三经》萯山①之首，曰敖岸之山，其阳多㻬琈之玉，其阴多赭、黄金。神熏池居之。是常出美玉。北望河林，其状如蒨如举②。有兽焉，其状如白鹿而四角，名曰夫诸，见则其邑大水。

注译

① 【萯山】：萯，音贝。在今河南省巩义市北。
② 【如蒨如举】：蒨，音欠。蒨即茜草，举即榉柳。

《中次三经》萯山这组山的第一座，叫作敖岸之山，山的南面多出产㻬琈之玉，山的北面多产赭石、黄金。熏池神住在这里。这座山常出美玉。向北可以望见河林，形状像是茜草和榉柳。有一种野兽，它的形状像白鹿，四只角，名叫夫诸，它一出现那个地方就会发生水灾。

❷ 又东十里，曰青要之山①，实惟帝之密都。北望河曲，是多驾鸟②。南望墠渚③，禹父之所化④，是多仆累⑤、蒲卢⑥。魁武罗⑦司之，其状人面而豹文，小要而白齿，而穿耳以镰⑧，其鸣如鸣玉。是山也，宜女子。畛水出焉，而北流注于河。其中有鸟焉，名曰鴢⑨，其状如凫，青身而朱目赤尾，食之宜子。有草焉，其状如葌，而方茎、黄华、赤实，其本如藁本⑩，名曰苟草，服之美人色。

注译

① 【青要之山】：在今河南省洛阳市新安县西北。
② 【驾鸟】：或以为即野鹅。
③ 【墠渚】：墠，音善。即《水经注》中的禅渚水，在今河南省嵩县东北。
④ 【禹父之所化】：大禹父亲治理的地方。
⑤ 【仆累】：蜗牛。
⑥ 【蒲卢】：蚌类动物。
⑦ 【魁武罗】：魁，音神。
⑧ 【镰】：音渠。耳环一类的东西。
⑨ 【鴢】：音舀。
⑩ 【藁本】：藁，音搞。即槀本，又作稾本，香草名。

再往东十里，是青要之山，是天帝的密都。向北可以望见河曲，那里有许多驾鸟。向南可以望见墠渚，那里是大禹的父亲治理的地方，这里有很多蜗牛、蒲卢。武罗神掌管着这里，它的形貌是人的面孔，豹子的花纹，细小的腰身，洁白的牙齿，耳朵上穿着环，声音像敲打玉石的声音。这座山，适宜女子。畛水从这里发源，向北流入河。其中有一种鸟，名叫鴢，它的形状像凫，青色的身子，红色的眼睛和尾巴，吃了它可以多生孩子。有一种草，它的形状像薮，方形的茎干、黄色的花、红色的果，根部像藁本，名叫苟草，人吃了它可以变得美丽漂亮。

3 又东十里曰驹山①，其上有美枣，其阴有璿珸之玉。正回之水出焉，而北流注于河。其中多飞鱼，其状如豚而赤文，服之不畏雷，可以御兵。

注译

①【驹山】：驹，音归。在今河南省新郑市西北。

再往东十里是驹山，山上有美枣，山的北面产璿珸之玉。正回之水从这里发源，向北流注入河。其中有很多飞鱼，它的形状像猪，有红色的花纹，吃了它可以不畏雷电，可以抵御刀兵之灾。

4 又东四十里，曰宜苏之山①，其上多金玉，其下多蔓居之木②。潕潕之水出焉，而北流注于河，是多黄贝。

注译

①【宜苏之山】：山在今河南省新安县境内。
②【蔓居之木】：灌木名，即蔓荆。

再往东四十里，是宜苏之山，山上多产金、玉，山下多有蔓居之木。潕潕之水从这里发源，向北流注入河，这里有很多黄贝。

5 又东二十里，曰和山①，其上无草木而多瑶碧，实惟河之九都②。是山也五曲③，九水出焉，合而北流注于河，其中多苍玉。吉神泰逢司之，其状如人而虎尾，是好居于萯山之阳，出入有光。泰逢神动天地气也④。

注译

①【和山】：张步天以为在今河南省孟津县境内。
②【河之九都】：是说和山乃是水流汇聚之处。
③【五曲】：山势回环曲折，曲回五重，故曰五曲。
④【泰逢神动天地气也】：指泰逢神能够扰动天地之气，从而兴云致雨。

再往东二十里，是和山，山上没有草木，多产瑶碧，这里是水流汇聚之处。这座山有五重曲折，九水在这里发源，又汇合向北流注入黄河，其中多有苍玉。吉神泰逢掌管这里，它的外形像人，有着老虎的尾巴，喜欢住在萯山的南面，出入时会有光亮。泰逢神能够扰动天地之气，从而兴云致雨。

⑥ 凡苋山之首，自敖岸之山至于和山，凡五山，四百四十里。其祠，泰逢、熏池、武罗皆一牡羊副①，婴用吉玉。其二神用一雄鸡瘗之，糈用稌。

注译

① 【副】：音僻。割裂。在此处是分割祭品以为祭祀之用的意思。

苋山这组山，自敖岸之山到和山，一共五座山，行经四百四十里。祭祀泰逢、熏池、武罗都是用一只公羊割裂开，婴用吉玉。祭祀其余两个神，用一只公鸡埋起来，祭祀的精米要用粳稻。

中次四经

① 《中次四经》厘山之首，曰鹿蹄之山①，其上多玉，其下多金。甘水②出焉，而北流注于洛，其中多泠石③。

注译

① 【鹿蹄之山】：在今河南省宜阳县东南，又名非山、纵山。
② 【甘水】：洛水的一条极小的支流。
③ 【泠石】：当作"泠石"。

《中次四经》厘山这组山，第一座叫鹿蹄之山，山上多产玉，山下多产金。甘水从这里发源，向北流注入洛，其中多有泠石。

② 西五十里，曰扶猪之山①，其上多礝石②。有兽焉，其状如貉而人目，其名曰麔③。虢水出焉，而北流注于洛，其中多瓀石④。

注译

① 【扶猪之山】：在今河南省宜阳县东北。
② 【礝石】：礝，音软。次于玉的美石。
③ 【麔】：音银。
④ 【瓀石】：瓀，音软。似玉美石。

往西五十里，是扶猪之山，山上多产礝石。有一种野兽，它的形状像貉，却长着人的眼睛，它名叫麔。虢水从这里发源，向北流注入洛，其中有很多瓀石。

③ 又西一百二十里，曰厘山①，其阳多玉，其阴多蒐②。有兽焉，其状如牛，苍身，其音如婴儿，是食人，其名曰犀渠。滽滽之水出焉，而南流注于伊水。有兽焉，名曰獭③，其状如獳犬④而有鳞，其毛如彘鬣。

注译

① 【厘山】：在今河南省嵩县境内。
② 【蒐】：音搜。即茜草。
③ 【獭】：音斜。
④ 【獳犬】：獳，音耨。獳，狗愤怒的样子。

再往西一百二十里，是厘山，山的南面多产玉，山的北面多生茜草。有一种野兽，它的形状像牛，青黑色的身子，它的叫声像婴儿，能吃人，它名叫犀渠。滽滽之水从这里发源，向南流入伊水。有一种野兽，名叫獭，它的形状像獳犬，身上有鳞片，毛像猪鬃。

④ 又西二百里，曰箕尾之山，多榖，多涂石，其上多㻬珸之玉。

再往西二百里，是箕尾之山，多生构树，多产涂石，山上多产㻬珸之玉。

⑤ 又西二百五十里，曰柄山，其上多玉，其下多铜。滔雕之水出焉，而北流注于洛。其中多羬羊。有木焉，其状如樗，其叶如桐而荚实，其名曰芨①，可以毒鱼。

注译

①【芨】：音拔。即芫花，又称鱼毒。

再往西二百五十里，是柄山，山上多产玉，山下多产铜。滔雕之水从这里发源，向北流注入洛。其中多有羬羊。有一种树，它的形状像椿树，它的叶子像桐树，果实像豆荚，它名叫芨，可以毒死鱼。

⑥ 又西二百里，曰白边之山，其上多金玉，其下多青雄黄。

再往西二百里，是白边之山，山上多产金、玉，山下多产青雄黄。

⑦ 又西二百里，曰熊耳之山①，其上多漆，其下多棕。浮濠之水出焉，而西流注于洛，其中多水玉，多人鱼。有草焉，其状如苏②而赤华，名曰葶苎③，可以毒鱼。

注译

①【熊耳之山】：在今河南省灵宝市卢氏县东，属秦岭山脉东支。以两峰状若熊耳得名。
②【苏】：草名，即紫苏。
③【葶苎】：葶，音顶。苎，音佞。即蒟蒻，亦即魔芋。

再往西二百里，是熊耳之山，山上多生漆树，山下多生棕树。浮濠之水从这里发源，向西流注入洛，其中多产水玉，多有人鱼。有一种草，它的形状像紫苏，红色的花，名叫葶苎，可以毒死鱼。

⑧ 又西三百里，曰牡山，其上多文石，其下多竹箭、竹𥳪，其兽多㸲牛、羬羊，鸟多赤鷩①。

注译

①【赤鷩】：鷩，音毕。

再往西三百里，是牡山，山上多产文石，山下多生竹箭、竹𥱼，山中的野兽多是㸲牛、羬羊，鸟多是赤鷩。

❾ 又西三百五十里，曰讙举之山①。雒水②出焉，而东北流注于玄扈之水③，其中多马肠之物。此二山者，洛间也④。

注译

① 【讙举之山】：在今陕西省洛南县西北。
② 【雒水】：雒，音洛，即古洛水，今洛河。
③ 【玄扈之水】：在今陕西省洛南县西，源出玄扈山，注于洛水。
④ 【此二山者，洛间也】："二山"，指讙举之山与玄扈之山。"洛间"，谓二山夹洛水。

再往西三百五十里，是讙举之山。雒水从这里发源，向东北流注于玄扈之水，其中多有马肠之物。讙举之山与玄扈之山将洛水夹在中间。

❿ 凡厘山之首，自鹿蹄之山至于玄扈之山①，凡九山，千六百七十里。其神状皆人面兽身。其祠之，毛用一白鸡，祈而不糈，以采衣之②。

注译

① 【玄扈之山】：在今陕西省洛南县西，洛水之南。
② 【以采衣之】：用彩饰给鸡装点打扮。郭璞《山海经传》云："以采饰鸡。"

总计厘山这组山，自鹿蹄之山至玄扈之山，一共九座山，行经一千六百七十里，各山神外形都是人的面孔、野兽的身子。祭祀它们的典礼：用一只纯色的白鸡，祈祷但不用精米，白鸡用五彩来装饰。

中次五经

❶ 《中次五经》薄山之首，曰苟床之山，无草木，多怪石。

《中次五经》薄山这组山，第一座叫苟床之山，没有草木，多产怪石。

❷ 东三百里，曰首山，其阴多榖、柞，其草多荼①、芫，其阳多䂻珧之玉，木多槐。其阴有谷，曰机谷，多䳩鸟②，其状如枭而三目，有耳，其音如录，食之已垫③。

注译

① 【荼】：音竹，即朮，草药名。
② 【䳩鸟】：䳩，音代。
③ 【垫】：下湿病。

往东三百里，是首山，山的北面多生榖树、柞树，山中的草多是荼、芫，山的南面多产䂻珧之玉，树木多是槐树。这山的北面有一处山谷，叫机谷，有许多䳩鸟，它的形状像枭，三只眼睛，有耳朵，它的叫声像录，人吃了它可以治疗下湿病。

❸ 又东三百里，曰县斸①之山，无草木，多文石。

注译

① 【斸】：音竹。

再往东三百里，是县斸之山，没有草木，多产文石。

❹ 又东三百里，曰葱聋之山①，无草木，多㼉石②。

注译

① 【葱聋之山】：上文已有此山，应该是重名。
② 【㼉石】：石之次玉者。

再往东三百里，是葱聋之山，没有草木，多产㼉石。

❺ 东北五百里，曰条谷之山，其木多槐、桐，其草多芍药、虋冬①。

注译

① 【虋冬】：虋，音门，通虋。即门冬，有两种，一为天门冬，一为麦门冬，均可入药。

往东北五百里，是条谷之山，山里的树多是槐树、桐树，山里的草多是芍药、门冬。

6 又北十里，曰超山，其阴多苍玉，其阳有井，冬有水而夏竭①。

注译

① 【冬有水而夏竭】：可能是此处的地下水位冬季与夏季变化幅度巨大，夏季水位过低，低于井深，因而造成枯竭。

再往北十里，是超山，山的北面多产苍玉，山的南面有井，井里冬季有水，夏季枯竭。

7 又东五百里，曰成侯之山，其上多櫄木①，其草多芃②。

注译

① 【櫄木】：即今椿树。
② 【芃】：当作"艽"，音交，即秦艽，今作"秦艽"，草药名。

再往东五百里，是成侯之山，山上多生櫄木，山里的草多是芃。

8 又东五百里，曰朝歌之山①，谷多美垩。

注译

① 【朝歌之山】：朝歌，古都邑名。在今河南省淇县。商代帝乙、帝辛的别都。周武王封康叔为卫侯，亦都于此。朝歌之山盖因位于朝歌境内而得名。案：此下槐山、尸山、良馀之山、升山皆在朝歌之山以西，则此处当有错简。

再往东五百里，是朝歌之山，山谷里多产美垩。

9 又东五百里，曰槐山，谷多金、锡。

再往东五百里，是槐山，山谷里多产金、锡。

10 又东十里，曰历山，其木多槐，其阳多玉。

再往东十里，是历山，山里的树多是槐树，山的南面多产玉。

⑪ 又东十里，曰尸山①，多苍玉，其兽多麖②。尸水出焉，南流注于洛水，其中多美玉。

注译

①【尸山】：在今陕西省洛南县北部。
②【麖】：音京。似鹿而小。

再往东十里，是尸山，多产苍玉，山里的野兽多是麖。尸水从这里发源，向南流注入洛水，其中多产美玉。

⑫ 又东十里，曰良馀之山①，其上多穀、柞，无石。馀水出于其阴，而北流注于河；乳水出于其阳，而东南流注于洛。

注译

①【良馀之山】：在今陕西省华阴市西南。

再往东十里，是良馀之山，山上多生构树、柞树，没有石头。馀水在山的北面发源，向北流注入河；乳水在山的南面发源，向东南流注入洛。

⑬ 又东南十里，曰蛊尾之山，多砺石、赤铜。龙馀之水出焉，而东南流注于洛。

再往东南十里，是蛊尾之山，多产砺石、赤铜。龙馀之水从这里发源，向东南流注入洛。

⑭ 又东北二十里，曰升山①，其木多穀、柞、棘，其草多藷薁、蕙，多寇脱②。黄酸之水出焉，而北流注于河，其中多璇玉③。

注译

①【升山】：在今陕西省华阴市西南。
②【寇脱】：即通脱木，其茎髓干燥后称通草，可入药。
③【璇玉】：璇，音旋。石之次玉者。

再往东北二十里，是升山，山上的树多是构树、柞树、荆棘，山上的草多是藷薁、蕙，多生寇脱。黄酸之水从这里发源，向北流注入河，其中多产璇玉。

⑮ 又东十二里，曰阳虚之山①，多金，临于玄扈之水。

注译

① 【阳虚之山】：在今陕西省洛南县以北。

再往东十二里，是阳虚之山，多产金，坐落于玄扈之水的岸边。

⑯ 凡薄山之首，自苟林之山至于阳虚之山，凡十六山①，二千九百八十二里。升山，冢也，其祠礼：太牢，婴用吉玉。首山，魁也，其祠用稌、黑牺太牢之具、蘖酿②；干儛③，置鼓④；婴用一璧。尸水，合天也⑤，肥牲祠之，用一黑犬于上，用一雌鸡于下，刉⑥一牝羊，献血。婴用吉玉，采之，飨之⑦。

注译

① 【十六山】：今本只有十五山，但里程数却相合。疑"六"乃"五"之讹。
② 【蘖酿】：蘖，音孽，酒曲。用蘖酿造的醴酒。
③ 【干儛】：持盾而舞，应当是一种祭祀用的武舞。
④ 【置鼓】：击鼓为跳舞的人伴奏。
⑤ 【尸水，合天也】：指尸水乃天帝之所在。
⑥ 【刉】：音基。切，割。
⑦ 【飨之】：再三劝神灵受礼，以示虔敬。

总计薄山这组山，自苟林之山到阳虚之山，一共十六座，行经二千九百八十二里。升山，是诸山的宗主，祭祀它的典礼：祭品用太牢，婴用吉玉。首山仅次于升山，祭祀它用粳稻米、黑色皮毛的太牢、用蘖酿造的醴酒；手持盾牌的舞蹈，配有鼓点的应和；婴用一块玉璧。尸水，乃天帝之所在，用肥壮的牲畜作祭祀，上面用一只黑狗，下面用一只母鸡，杀一只母羊，献上它的血。婴用吉玉，用五彩装饰，请神享用。

中次六经

①《中次六经》缟羝山之首，曰平逢之山^①，南望伊、洛，东望谷城之山^②，无草木，无水，多沙石。有神焉，其状如人而二首，名曰骄虫，是为螫虫，实惟蜂蜜之庐^③。其祠之：用一雄鸡，禳而勿杀^④。

注译

① 【平逢之山】：即北邙山，又名太平山、郏山，在今河南省洛阳市北。
② 【谷城之山】：在今洛阳市西北。
③ 【蜂蜜之庐】：蜂群的聚居地。
④ 【禳而勿杀】：指祈禳之后，不杀祭祀所用的鸡。

《中次六经》缟羝山这组山的第一座，叫平逢之山，向南可以望见伊水、洛水，向东可以望见谷城之山，没有草木，没有水流，多有沙石。有山神，它的外形像人，两个头，名字叫骄虫，是螫虫一类，这里是蜂群的聚居地。祭祀它：用一只公鸡，只祈禳而不杀它。

② 西十里，曰缟羝之山，无草木，多金玉。

往西十里，是缟羝之山，没有草木，多产金、玉。

③ 又西十里，曰廆山^①，其阴多㻬琈之玉。其西有谷焉，名曰雚谷^②，其木多柳、楮。其中有鸟焉，状如山鸡而长尾，赤如丹火而青喙，名曰鸰鹋^③，其鸣自呼，服之不眯。交觞之水出于其阳，而南流注于洛；俞随之水^④出于其阴，而北流注于谷水^⑤。

注译

① 【廆山】：廆，音归。即今谷口山，在河南省洛阳市西。
② 【雚谷】：雚，音灌。
③ 【鸰鹋】：鸰，音铃。鹋，音腰。
④ 【俞随之水】：即今王祥河。
⑤ 【谷水】：洛水的一个支流，今名涧河。

再往西十里，是廆山，山的北面多产㻬琈之玉。山的西面有一处山谷，名叫雚谷，这里的树多是柳树、楮树。其中有一种鸟，形状像山鸡，长尾巴，身上红得像火，青色的嘴巴，名叫鸰鹋，它的叫声就是自己名字的读音，吃了它可以不做噩梦。交觞之水从山的南面发源，向南流入洛；俞随之水从这北面发源，向北流入谷水。

④ 又西三十里，曰瞻诸之山^①，其阳多金，其阴多文石。谢水^②出焉，而东

南流注于洛；少水出其阴，而东流注于谷水。

注译

① 【瞻诸之山】：在今河南省新安县南。
② 【谢水】：谢，音谢。约在今河南省洛阳市以西。

再往西三十里，是瞻诸之山，山的南面多产金，山的北面多产文石。谢水从这里发源，向东南流注入洛；少水从山的北面发源，向东流入谷水。

⑤ 又西三十里，曰娄涿之山①，无草木，多金玉。瞻水出于其阳，而东流注于洛；陂水出于其阴，而北流注于谷水，其中多茈石、文石。

注译

① 【娄涿之山】：在今河南省新安县南。

再往西三十里，是娄涿之山，没有草木，多产金、玉。瞻水从山的南面发源，向东流注入洛；陂水从山的北面发源，向北流注入谷水，其中多产茈石、文石。

⑥ 又西四十里，曰白石之山①。惠水出于其阳，而南流注于洛，其中多水玉。涧水出于其阴，西北流注于谷水，其中多麋石、栌丹②。

注译

① 【白石之山】：在今河南省新安县境内。
② 【麋石、栌丹】：麋石可能是石墨，栌丹疑即黑色丹砂。

再往西四十里，是白石之山。惠水从山的南面发源，向南流注入洛，其中多产水玉。涧水从山的北面发源，向西北流入谷水，其中多产麋石、栌丹。

⑦ 又西五十里，曰穀山①，其上多穀，其下多桑。爽水出焉，而西北流注于谷水，其中多碧绿②。

注译

① 【穀山】：在今河南省渑池县境内。
② 【碧绿】：即石绿，一名绿青，即孔雀石，可用以制作饰品及绿色涂料。

再往西五十里，是穀山，山上多生构树，山下多生桑树。爽水从这里发源，向西北流入谷水，其中多产碧绿。

8. 又西七十二里，曰密山①，其阳多玉，其阴多铁。豪水出焉，而**南流注于洛**，其中多旋龟，其状鸟首而鳖尾，其音如判木。无草木。

注译

① 【密山】：在今河南省新安县南。

再往西七十二里，是密山，山的南面多产玉，山的北面多产铁。豪水从这里**发源**，向南流注入洛，其中多旋龟，它的形状是鸟的头、鳖的尾，它的叫声像劈木头的声音。没有草木。

9. 又西百里，曰长石之山①，无草木，多金玉。其西有谷焉，名曰**共谷**，多竹。共水出焉，西南流注于洛，其中多鸣石。

注译

① 【长石之山】：在今河南省新安县。

再往西一百里，是长石之山，没有草木，多产金、玉。山的西面有一处山谷，名叫共谷，多生竹子。共水从这里发源，向西南流注入洛，其中多产鸣石。

10. 又西一百四十里，曰傅山①，无草木，多瑶碧。厌染之水②出于其阳，而南流注于洛，其中多人鱼。其西有林焉，名曰墦③冢。谷水出焉，而东流注**于洛**，其中多珚玉④。

注译

① 【傅山】：在今河南省新安县。
② 【厌染之水】：在今河南省宜阳县西。
③ 【墦】：音繁。
④ 【珚玉】：珚，音淹。

再往西一百四十里，是傅山，没有草木，多产瑶碧。厌染之水从山的南面发源，向南流注入洛，其中多有人鱼。它的西面有树林，名叫墦冢。谷水从这里发源，向东流注入洛，其中多产珚玉。

11. 又西五十里，曰橐山①，其木多樗②，多椶木③，其阳多金玉，其阴**多铁**、多萧④。橐水⑤出焉，而北流注于河。其中多修辟之鱼，状如黾⑥而白喙，其音如鸱，食之已白癣。

注译

① 【橐山】：在今河南省三门峡市。

② 【其木多樗】：即黄栌木。

③ 【楢木】：楢，音备。指寄生五倍子的盐肤木。

④ 【萧】：植物名，即艾蒿。

⑤ 【橐水】：亦在今三门峡市境。

⑥ 【鼋】：音猛。金线蛙，蛙类的一种。

　　再往西五十里，是橐山，山上的树多是樗树，多生楢树，山的南面多产金、玉，山的北面多产铁，多生艾蒿。橐水从这里发源，向北流注入河。其中多生修辟鱼，形状像鼋，白色的嘴，它的叫声像鸱，吃了它可以治疗白癣。

⑫ 又西九十里，曰常烝之山①，无草木，多垩。潐水②出焉，而东北流注于河，其中多苍玉。菑水③出焉，而北流注于河。

注译

① 【常烝之山】：即干山，在今河南省陕县南。

② 【潐水】：即今陕县以南的干头河。

③ 【菑水】：在今河南省灵宝市东。

　　再往西九十里，是常烝之山，没有草木，多产垩。潐水从这里发源，向东北流注入河，其中多产苍玉。菑水从这里发源，向北流注入河。

⑬ 又西九十里，曰夸父之山①，其木多棕、楠，多竹、箭，其兽多牦牛、羬羊，其鸟多鷩，其阳多玉，其阴多铁。其北有林焉，名曰桃林②，是广员三百里，其中多马。湖水③出焉，而北流注于河，其中多珚玉。

注译

① 【夸父之山】：在今河南省灵宝市境内。

② 【桃林】：在今陕西省潼关以东，河南省灵宝市以西。

③ 【湖水】：古水名。在今河南省灵宝市西部的阌乡。

　　再往西九十里，是夸父之山，山上的树多是棕树、楠树，多生竹子和箭竹。山中的野兽多是牦牛、羬羊，山中的鸟多是鷩，山的南面多产玉，山的北面多产铁。山的北面有树林，名叫桃林，方圆三百里，其中有很多马。湖水从这里发源，向北流注入河，其中多产珚玉。

⑭ 又西九十里，曰阳华之山①，其阳多金玉，其阴多青雄黄，其草多藷藇，多苦辛，其状如楂②，其实如瓜，其味酸甘，食之已疟。杨水出焉，而西南流注于洛，其中多人鱼。门水出焉，而东北流注于河，其中多玄礵。错③姑之水出于其阴，而东流注于门水④，其上多铜。门水出于河，七百九十里入雒水。

注译

① 【阳华之山】：当在今陕西省渭南市华阴市华山之南。
② 【楂】：音丘。即楸树。
③ 【错】：音集。
④ 【门水】：即今陕西省商洛市洛南县东北的宏农河。

再往西九十里，是阳华之山，山的南面多产金、玉，山的北面多产青雄黄，山上的草多是藷藇，多生苦辛，它的形状像楸树，它的果实像瓜，它的味道酸甜，吃了它可以治疗疟疾。杨水从这里发源，向西南流注入洛，其中多人鱼。门水从这里发源，向东北流注入河，其中多产玄礵。错姑之水从山的北面发源，向东流入门水，它的上游多产铜。门水是河的支流，流经七百九十里后注入雒水。

⑮ 凡缟羝山之首，自平逢之山至于阳华之山，凡十四山，七百九十里。岳在其中①，以六月祭之，如诸岳之祠法，则天下安宁。

注译

① 【岳在其中】：此四字难解，诸说均不通，疑有脱文错简，故不译出。

总计缟羝山这组山，从平逢之山至阳华之山，一共十四座，行经七百九十里。岳在其中，在六月祭祀，和祭祀其他诸岳一样，这样天下就会安宁。

中次七经

❶《中次七经》苦山之首，曰休与之山①。其上有石焉，名曰帝台之棋，五色而文，其状如鹑卵，帝台之石，所以祷百神者也，服之不蛊。有草焉，其状如蓍②，赤叶而本丛生，名曰凤条，可以为箵③。

注译

① 【休与之山】：大概在今河南省灵宝市西部阌乡附近。

② 【蓍】：音诗。多年生草本植物，古人用以占卜。

③ 【箵】：音淦。箭杆。

《中次七经》苦山这组山的第一座，叫休与之山。山上有一种石，名叫帝台之棋，五色而有花纹，它的形状像鹌鹑蛋，帝台之石，可以用来祈祷祭祀百神，人佩带它就不会中蛊毒。有一种草，它的形状像蓍草，红色的叶子，根茎连结丛生，名叫凤条，可以用来做箭杆。

❷ 东三百里，曰鼓钟之山①，帝台之所以觞百神也。有草焉，方茎而黄华，员叶而三成②，其名曰焉酸，可以为毒③。其上多砺，其下多砥。

注译

① 【鼓钟之山】：当在今山西省垣曲县。

② 【三成】：指叶子有三重。

③ 【为毒】：解毒。

往东三百里，是鼓钟之山，帝台宴会众神之地。有一种草，方形的茎，黄色的花，圆形的叶子有三重，它名叫焉酸，可以用来解毒。山上多产砺石，山下多产砥石。

❸ 又东二百里，曰姑媱之山。帝女死焉，其名曰女尸，化为䔄①草，其叶胥成②，其华黄，其实如菟丘③，服之媚于人④。

注译

① 【䔄】：音尧。

② 【胥成】：叶子相互重叠交错。

③ 【菟丘】：菟，音兔。即菟丝，蔓生植物。

④ 【服之媚于人】：人吃了它可以变得妩媚，被人喜爱。

再往东二百里，是姑媱之山，天帝的女儿死在这里，她名叫女尸，化成了䔄草，叶子相互重叠交错，它的花是黄的，它的果实像菟丝，人吃了它可以变得妩媚，被人喜爱。

④ 又东二十里，曰苦山。有兽焉，名曰山膏，其状如逐①，赤若丹火，善詈②。其上有木焉，名曰黄棘，黄华而员叶，其实如兰，服之不字③。有草焉，员叶而无茎，赤华而不实，名曰无条，服之不瘿。

注译

① 【逐】：豚的假借字。
② 【詈】：音立，骂人。
③ 【字】：生育。

再往东二十里，是苦山。有一种野兽，名叫山膏，它的形状像猪，浑身红得像丹火，喜欢骂人。山上有一种树，名叫黄棘，黄色的花，圆形的叶子，它的果实像兰草，吃了它会导致不育。有一种草，圆形的叶子，没有茎，红色的花，不结果，名叫无条，吃了它可以不长肉瘤肿块。

⑤ 又东二十七里，曰堵山，神天愚居之，是多怪风雨。其上有木焉，名曰天楄①，方茎而葵状，服者不哩②。

注译

① 【楄】：音骈。
② 【哩】：音夜。噎住，食物堵住食道。

再往东二十七里，是堵山，天愚神住在这里，这里多有怪风怪雨。山上有一种树木，名叫天楄，方形的树干，形状像葵菜，人吃了它就不会被噎住。

⑥ 又东五十二里，曰放皋之山①。明水出焉，南流注于伊水，其中多苍玉。有木焉，其叶如槐，黄华而不实，其名曰蒙木，服之不惑。有兽焉，其状如蜂，枝尾而反舌②，善呼，其名曰文文。

注译

① 【放皋之山】：大概在今河南省伊川县至临汝县之间。
② 【枝尾而反舌】：枝尾，尾巴分叉如树枝。反舌，舌头倒着长。

再往东五十二里，是放皋之山。明水从这里发源，向南流入伊水，其中多产苍玉。有一种树木，它的叶子像槐，黄色的花，不结果，它名叫蒙木，吃了它可以不迷惑。有一种野兽，它的形状像蜜蜂，分叉的尾巴，倒着的舌头，喜欢呼叫，它名叫文文。

7 又东五十七里，曰大苦之山①，多㻬琈之玉，多麋玉②。有草焉，其状叶如榆，方茎而苍伤③，其名曰牛伤，其根苍文，服者不厥④，可以御兵。其阳狂水出焉，西南流注于伊水，其中多三足龟，食者无大疾，可以已肿。

注译

① 【大苦之山】：苦，当作"苦"，即今河南省登封市西南某山。
② 【麋玉】：麋，当是"瑂"的假借字。瑂，石之似玉者，音眉。
③ 【伤】：刺。
④ 【厥】：病名。突然昏倒或手足逆冷。

再往东五十七里，是大苦之山，多产㻬琈之玉，多产麋玉。有一种草，它的叶子像榆树，方形的茎干，青黑色的刺，它名叫牛伤，它的根上有青色的花纹，吃了它可以不得厥病，可以防御刀兵之灾。狂水从山的南面发源，向西南流入伊水，其中有很多三足龟，吃了它可以不生大病，可以消除肿痛。

8 又东七十里，曰半石之山①，其上有草焉，生而秀，其高丈余，赤叶赤华，华而不实，其名曰嘉荣，服之者不霆②。来需之水③出于其阳，而西流注于伊水，其中多鲐④鱼，黑文，其状如鲋，食者不睡。合水出于其阴，而北流注于洛，多腾⑤鱼，状如鳜，居逐⑥，苍文赤尾，食者不痈，可以为瘘。

注译

① 【半石之山】：在今河南省偃师市西南。
② 【服之者不霆】：不怕雷电霹雳。
③ 【来需之水】：需，音儒。
④ 【鲐】：音伦。
⑤ 【腾】：音腾。
⑥ 【逐】：水中之穴道交错的地方。

再往东七十里，是半石之山。山上有一种草，一发芽就抽穗，高一丈多，红色的叶子，红色的花，只开花不结果，它名叫嘉荣，人吃了它就可以不怕雷电霹雳。来需之水从山的南面发源，向西流入伊水，其中多有鲐鱼，黑色的花纹，它的形状像鲋鱼，吃了它可以不用睡觉。合水从山的北面发源，向北流注入洛，多生腾鱼，形状像鳜鱼，生活在水中之穴道交错的地方，青黑色的花纹，红色的尾巴，人吃了它可以不患痈肿病，可以治疗瘘管。

9 又东五十里，曰少室之山①，百草木成囷②。其上有木焉，其名曰帝休，叶状如杨，其枝五衢③，黄华黑实，服者不怒。其上多玉，其下多铁。休水出焉，而北流注于洛，其中多鲭鱼，状如蛰蜼④而长距，足白而对⑤，食者无蛊疾，可以御兵。

注译

①【少室之山】：中岳嵩山的西峰名曰少室，或即此山。在河南省登封市西北。
②【百草木成囷】：囷，音群，阴平声，谷仓。草木屯聚如仓囷之形。
③【其枝五衢】：衢，音渠。岔，分岔。即是说树枝交错分岔，向五个方向伸展。
⑥【蛰蜼】：蛰，音周。蜼，音卫。黑色长尾猴。
⑦【足白而对】："对"，足趾相对而生。

再往东五十里，是少室之山，各种草木屯聚如谷仓一般。山上有一种树，它名叫帝休，叶子的形状像杨树叶，它的树枝交错分岔，向五个方向伸展，黄色的花，黑色的果，人吃了它就不会发怒。山上多产玉，山下多产铁。休水从这里发源，向北流注入洛，其中有很多鲭鱼，形状像蛰蜼，脚像鸡爪，白色的足趾相对而生，人吃了它不会得蛊疾，还能抵御刀兵之灾。

⑩ 又东三十里，曰泰室之山①。其上有木焉，叶状如梨而赤理，其名曰栯②木，服者不妒。有草焉，其状如苍，白华黑实，泽如蘡薁③，其名曰蓇草，服之不昧。上多美石。

注译

①【泰室之山】：中岳嵩山东峰名曰泰室，与西峰少室相距十五里。
②【栯】：音有。
③【蘡薁】：蘡，音婴。薁，音欲。即野葡萄，也叫山葡萄。

再往东三十里，是泰室之山。山上有一种树，叶子的形状像梨，有红色的花纹，它名叫栯木，佩带它的人就不会嫉妒。有一种草，它的形状像苍，白色的花，黑色的果，滑泽像蘡薁，它名叫蓇草，吃了可以不梦魇。山上多产美石。

⑪ 又北三十里，曰讲山，其上多玉，多柘，多柏。有木焉，名曰帝屋，叶状如椒，反伤①赤实，可以御凶。

注译

①【反伤】：倒刺。

再往北三十里，是讲山，山上多产玉，多生柘树、柏树。有一种树，名叫帝屋，叶子的形状像椒，倒刺，红色的果，可以抵御凶灾。

⑫ 又北三十里，曰婴梁之山，上多苍玉，镎于玄石①。

注译

①【镎于玄石】：指苍玉依黑石而生。

再往北三十里，是婴梁之山，山上多产苍玉，依附黑石而生。

⑬ 又东三十里，曰浮戏之山①。有木焉，叶状如樗而赤实，名曰亢木，食之不蛊。汜水②出焉，而北流注于河。其东有谷，因名曰蛇谷，上多少辛③。

注译

①【浮戏之山】：在今河南省巩义市西南。
②【汜水】：汜，音似。
③【少辛】：即细辛，草药名。

再往东三十里，是浮戏之山。有一种树，叶子的形状像樗，红色的果，名叫亢木，吃了以后可以不中蛊毒。汜水从这里发源，向北流注入河。山的东边有一处山谷，因而名叫蛇谷，上面多产细辛。

⑭ 又东四十里，曰少陉之山①。有草焉，名曰䓣草②，叶状如葵，而赤茎白华，实如蘡薁，食之不愚。器难之水出焉，而北流注于役水。

注译

①【少陉之山】：在今河南省荥阳市南大周山东。
②【䓣草】：䓣，音刚。

再往东四十里，是少陉之山。有一种草，名叫䓣草，叶子的形状像葵菜，红色的茎，白色的花，果实像蘡薁，吃了它可以不愚昧。器难之水从这里发源，向北流入役水。

⑮ 又东南十里，曰太山①。有草焉，名曰梨，其叶状如荻②而赤华，可以已疽。太水出于其阳，而东南流注于役水；承水出于其阴，而东北流注于役。

注译

①【太山】：此山当在今河南省郑州市附近。

②【荻】：当作"萩"。萩音秋，即香蒿，又名秋蒿。

再往东南十里，是太山。有一种草，名叫梨，它的叶子形状像香蒿，红色的花，可以治疗毒疮。太水从山的南面发源，向东南流入役水；承水从山的北面发源，向东北流注入役水。

⑯ 又东二十里，曰末山，上多赤金。末水出焉，北流注于役。

再往东二十里，是末山，山上多产赤金。末水从这里发源，向北流注入役水。

⑰ 又东二十五里，曰役山，上多白金，多铁。役水出焉，北注于河。

再往东二十五里，是役山，山上多产白金，多产铁。役水从这里发源，向北流注入河。

⑱ 又东三十五里曰敏山①。上有木焉，其状如荆，白华而赤实，名曰蓟柏②，服者不寒。其阳多琘琈之玉。

注译

①【敏山】：约是今河南郑州梅山。
②【蓟柏】：蓟，音计。

再往东三十五里是敏山。山上有一种树，它的形状像荆，白色的花，红色的果，名叫蓟柏，佩带上它就不怕寒冷。山的南面多产琘琈之玉。

⑲ 又东三十里，曰大騩之山①，其阴多铁、美玉、青垩。有草焉，其状如蓍而毛，青华而白实，其名曰莨②，服之不夭③，可以为腹病。

注译

①【大騩之山】：约在今河南省新密市南。
②【莨】：当为蒗，音狼。
③【不夭】：夭，少壮而死曰夭。不夭，即得享天年。

再往东三十里，是大騩之山，山的北面多产铁、美玉、青垩。有一种草，它的形状像蓍草，有毛，青色的花，白色的果，它名叫莨，吃了它可以得享天年，可以治疗腹部疾病。

⓴ 凡苦山之首，自休与之山至于大騩之山，凡十有九山，千一百八十四里。其十六神者，皆豕身而人面。其祠：毛牷①用一羊羞，婴用一藻玉瘗。苦山、少室、太室皆冢也，其祠之：太牢之具，婴以吉玉。其神状皆人面而三首，其余属皆豕身人面也。

注译

① 【牷】：音全。毛色纯正，躯体完整的牲畜。

　　总计苦山这组山，自休与之山至大騩之山，一共十九座，行经一千一百八十四里，其中十六座山的神，都是猪的身子、人的面孔。祭祀它们：用一只毛色纯正，躯体完整的羊献祭，婴用一块藻玉埋入地下。苦山、少室之山、太室之山都是宗主，祭祀它们：祭品用太牢，婴用吉玉。这三个神都长着人的面孔，三个头，其余的都是猪身人脸。

中次八经

① 《中次八经》荆山①之首，曰景山②，其上多金玉，其木多杼③、檀。睢水④出焉，东南流注于江，其中多丹粟，多文鱼。

注译

①【荆山】：在今湖北省西部，武当山东南、汉江西岸，漳水发源地。

②【景山】：即今聚龙山，在今湖北省房县西南。

③【杼】：音数。即栎树。

④【睢水】：睢，音居。今名沮水，位于湖北省中部偏西。

《中次八经》荆山这组山的第一座，叫景山，山上多产金、玉，山中的树多是栎树、檀树。睢水从这里发源，向东南流注入江，其中多产丹砂，多有文鱼。

② 东北百里，曰荆山①，其阴多铁，其阳多赤金，其中多犛牛②，多豹、虎，其木多松、柏，其草多竹，多橘、櫾③。漳水④出焉，而东南流注于睢，其中多黄金，多鲛鱼。其兽多闾、麋。

注译

①【荆山】：此处的荆山是具体山名，与上文作为山脉名的"荆山"不同。当即今湖北省南漳县西南某山。

②【犛牛】：犛，音毛。

③【櫾】：音又。本字当作"柚"，即今天的柚子。

④【漳水】：发源于今湖北省南漳县西南。

往东北一百里，是荆山，山的北面多产铁，山的南面多产赤金，山中多有犛牛，多有豹虎，山上的树多是松树、柏树，山中的草多是竹子，多有橘树、柚树。漳水从这里发源，向东南流注入睢，其中多产黄金，多有鲛鱼。沿岸的野兽多是闾、麋。

③ 又东北百五十里，曰骄山，其上多玉，其下多青雘，其木多松、柏，多桃枝、钩端。神鼍围①处之，其状如人面，羊角虎爪，恒游于睢漳之渊，出入有光。

注译

①【鼍围】：鼍，音鸵。

再往东北一百五十里，是骄山，山上多产玉，山下多产青雘，山中树多是松树、柏树，多长有桃枝、钩端。鼍围神住在这里，它的外形像人的面孔，羊的角，老虎的爪子，经常在睢漳之渊游荡，出入的时候会发光。

❹ 又东北百二十里，曰女几之山，其上多玉，其下多黄金，其兽多豹、虎，多闾、麋、麖、麂①，其鸟多白鹢②，多翟③，多鸩④。

注译

① 【麂】：麂，音己。属麇鹿类。
② 【白鹢】：鹢，音交。
③ 【翟】：音迪。长尾野鸡。
④ 【鸩】：音朕。毒鸟。用它的羽毛泡制的酒即鸩酒，剧毒。

再往东北一百二十里，是女几之山，山上多产玉，山下多产黄金，山中的野兽多是豹子、老虎，多有闾、麋、麖、麂，山中的鸟多是白鹢、翟、鸩。

❺ 又东北二百里，曰宜诸之山，其上多金玉，其下多青雘。滫水①出焉，而南流注于漳，其中多白玉。

注译

① 【滫水】：滫，音喂。在今湖北省当阳县东。

再往东北二百里，是宜诸之山，山上多产金、玉，山下多产青雘。滫水从这里发源，向南流注入漳，其中多产白玉。

❻ 又东北二百里，曰纶山，其木多梓、楠，多桃枝，多枛①、栗、橘、櫾，其兽多闾、麈②、麖、臭③。

注译

① 【枛】：音札。即今山楂。
② 【麈】：音主。一种鹿类动物。
③ 【臭】：音觋。狡兔。

再往东北二百里，是纶山，山上的树木多是梓树、楠树，多生桃枝，多有枛树、栗树、橘树、櫾树，山中的野兽多是闾、麈、麖、臭。

❼ 又东二百里，曰陆郇①之山，其上多㻬琈之玉，其下多垩，其木多杻、檀。

注译

①【郋】：音鬼。

再往东二百里，是陆郋之山，山上多产璚琈之玉，山下多产垩土，山中的树多是杻树、橿树。

❽ 又东百三十里，曰光山①，其上多碧，其下多木②。神计蒙处之，其状人身而龙首，恒游于漳渊，出入必有飘风暴雨。

注译

①【光山】：在今河南省光山县西北八十里处。即弋阳山，一名浮光山，又名浮弋山。
②【其下多木】："木"当作"水"。

再往东一百三十里，是光山，山上多产碧石，山下多有水流。计蒙神住在这里，它的外形是人的身子、龙的头，经常游荡于漳渊，它出入的时候一定会伴随着狂风暴雨。

❾ 又东百五十里，曰岐山，其阳多赤金，其阴多白珉①，其上多金玉，其下多青腹，其木多樗。神涉蟲处之，其状人身而方面三足。

注译

①【白珉】：珉，音旻。似玉的美石。

再往东一百五十里，是岐山，山的南面多产赤金，山的北面多产白珉，山上多产金、玉，山下多产青腹，山中的树木多是樗。涉蟲神住在这里，它的外形是人的身子，方形的脸，三只脚。

❿ 又东百三十里，曰铜山，其上多金、银、铁，其木多榖、柞、柤、栗、橘、櫠，其兽多犳①。

注译

①【犳】：音卓。

再往东一百三十里，是铜山，山上多产金、银、铁，山中的树木多是构树、柞树、柤树、栗树、橘树、柚树，山中的野兽多是犳。

⓫ 又东北一百里，曰美山，其兽多兕、牛，多间、麈，多豕、鹿，其上多

金，其下多青膜。

再往东北一百里，是美山，山中的野兽多是兕、牛，多有闾、麈，有很多豕、鹿，山上多产金，山下多产青膜。

⑫ 又东北百里，曰大尧之山，其木多松柏，多梓、桑，多机①，其草多竹，其兽多豹、虎、麢、㺊。

注译

①【机】：即枙，而非"機"的简化。

再往东北一百里，是大尧之山，山上的树木多是松树、柏树，多是梓树、桑树，有很多枙树，山上的草多是竹子，山中的野兽多是豹、虎、麢、㺊。

⑬ 又东北三百里，曰灵山，其上多金玉，其下多青膜，其木多桃、李、梅、杏。

再往东北三百里，是灵山，山上多产金、玉，山下多产青膜，山中的树木多是桃树、李树、梅树、杏树。

⑭ 又东北七十里，曰龙山，上多寓木①，其上多碧，其下多赤锡，其草多桃枝、钩端。

注译

①【寓木】：寄生在大树上的一种植物，又名寄生、宛童。

再往东北七十里，是龙山，山上多生寓木，山上多产碧石，山下多产红锡，山中的草多是桃枝、钩端。

⑮ 又东南五十里，曰衡山①，上多寓木、榖、柞，多黄垩、白垩。

注译

①【衡山】：先秦时期衡山在今安徽省霍山县。

再往东南五十里，是衡山，山上多有寓木、构树、柞树，多产黄垩、白垩。

⑯ 又东南七十里，曰石山，其上多金，其下多青膜，多寓木。

再往东南七十里，是石山，山上多产金，山下多产青雘，有很多寓木。

⑰ 又南百二十里，曰若山，其上多瑾瑜之玉，多赭，多邽石，多寓木，多柘。

再往东南一百二十里，是若山，山上多产瑾瑜之玉，多产赭石，多产邽石，多生寓木，多有柘树。

⑱ 又东南一百二十里，曰鳪山，多美石，多柘。

再往东南一百二十里，是鳪山，多产美石，多生柘树。

⑲ 又东南一百五十里，曰玉山，其上多金玉，其下多碧、铁，其木多柏。

再往东南一百五十里，是玉山，山上多产金、玉，山下多产碧石、铁，山中的树木多是柏树。

⑳ 又东南七十里，曰讙山，其木多檀，多邽石，多白锡①。郁水出于其上，潜于其下，其中多砥砺。

注译

① 【白锡】：章鸿钊以为是倭铅，即锌。

再往东南七十里，是讙山，山中的树木多是檀树，多产邽石，多产白锡。郁水从山上发源，流淌于山下，其中多产砥砺。

㉑ 又东北百五十里，曰仁举之山，其木多榖、柞，其阳多赤金，其阴多赭。

再往东北一百五十里，是仁举之山，山中的树木多是构树、柞树，山的南面多产红金，山的北面多产赭石。

㉒ 又东五十里，曰师每之山，其阳多砥砺，其阴多青雘，其木多柏，多檀，多柘，其草多竹。

再往东五十里，是师每之山，山的南面多产砥砺，山的北面多产青雘，山上的树木多是柏树、檀树、柘树，山中的草多是竹子。

㉓ 又东南二百里，曰琴鼓之山，其木多榖、柞、椒、柘，其上多白珉，其下多洗石，其兽多豕、鹿，多白犀，其鸟多鸩。

再往东南二百里，是琴鼓之山，山上的树木多是构树、柞树、椒树、柘树，山上多有白珉，山下多产洗石，山中的野兽多是猪、鹿，多有白珉，山中的鸟多是鸩。

㉔ 凡荆山之首，自景山至琴鼓之山，凡二十三山，二千八百九十里。其神状皆鸟身而人面。其祠：用一雄鸡祈瘗，用一藻圭，糈用稌。骄山，冢也，其祠：用羞酒少牢祈瘗，婴毛①一璧。

注译

① 【婴毛】："毛"，当作"屯"。见《南次一经》"毛用"注。以下各经的"婴毛"与此同。

总计荆山这组山，从景山至琴鼓之山，一共二十三座，行经二千八百九十里。各山神都是鸟的身子、人的面孔。祭祀它们：用一只公鸡祈禳后埋入地下，用一块藻圭，祭神的精米要用粳稻。骄山，是宗主，祭祀它：用献祭的酒和少牢，祈禳后埋入地下，婴用一块纯色的玉璧。

中次九经

① 《中次九经》岷山①之首，曰女几之山②，其上多石涅，其木多杻、橿，其草多菊、茶。洛水③出焉，东注于江，其中多雄黄，其兽多虎、豹。

注译

① 【岷山】：此处的岷山系指岷山山脉而言。岷山山脉位于四川省北部，绵延川、甘两省边界。
② 【女几之山】：当是今四川省什邡县西北的章山。
③ 【洛水】：即今沱江，而非流经河南的洛河。

《中次九经》岷山这组山的第一座，是女几之山，山上多产石涅，山中的树木多是杻树、橿树，山中的草多是菊、茶。洛水从这里发源，向东流注入江，其中多产雄黄，野兽多是虎、豹。

② 又东北三百里，曰岷山①，江水出焉，向东北流注于海，其中多良龟，多鼍②。其上多金玉，其下多白珉，其木多梅、棠，其兽多犀、象，多夔牛③，其鸟多翰、鳖。

注译

① 【岷山】：此岷山当是岷山山脉的南端，而并非其主峰。
② 【鼍】：音陀。即扬子鳄，俗称猪婆龙。
③ 【夔牛】夔，音葵。

再往东北三百里，是岷山，江水从这里发源，向东北流注入海，其中多生良龟，多有鼍。山上多产金、玉，山下多产白珉，山中的树木多是梅树、棠树，山中的野兽多是犀、象，多有夔牛，山中的鸟多是翰、鳖。

③ 又东北一百四十里，曰崃山①，江水②出焉，东流注大江。其阳多黄金，其阴多麋、麈，其木多檀、柘，其草多薤、韭，多药③、空夺④。

注译

① 【崃山】：即今邛崃山，在四川省邛崃市。
② 【江水】：即邛水，今荥经河。
③ 【药】：音月。即白芷，见《西次四经》"号山"注。不是"藥"的简化字。
④ 【空夺】：即寇脱，通脱木的别名。

再往东北一百四十里，是崃山，江水从这里发源，向东流入大江。山的南面多产黄金，山的北面多有麋、麈，山上的树木多是檀树、柘树，山中的草多是薤、韭，还有很多药、空夺。

④ 又东一百五十里，曰崌山^①，江水出焉，东流注于大江，其中多怪蛇^②，多鳖鱼，其木多楢^③、杻，多梅、梓，其兽多夔牛、麢、臬、犀、兕。有鸟焉，状如鸮而赤身白首，其名曰窃脂，可以御火。

注译

① 【崌山】：即今四川省宝兴县北境山，与芦山、大邑、崇庆、汶川西境接壤。
② 【怪蛇】：疑即水蟒。
③ 【楢】：音由。

　　再往东一百五十里，是崌山，江水从这里发源，向东流入大江，其中多有怪蛇，多有鳖鱼，山上的树木多是楢树、杻树，多有梅树、梓树，山中的野兽多是夔牛、麢、臬、犀、兕。有一种鸟，它的形状像鸮，红色的身子，白色的头，它名叫窃脂，饲养它可以防止火灾。

⑤ 又东三百里，曰高梁之山^①，其上多垩，其下多砥砺，其木多桃枝、钩端。有草焉，状如葵而赤华，荚实、白柎，可以走马。

注译

① 【高梁之山】：即今大剑山，又名梁山、剑门山。在今四川省北部剑阁县、广元市界上。

　　再往东三百里，是高梁之山，山上多产垩土，山下多产砥砺，山中的树木多是桃枝、钩端。有一种草，形状像葵菜，红色的花，豆荚一样的果实，白色的花萼，马吃了它可以跑得快。

⑥ 又东四百里，曰蛇山，其上多黄金，其下多垩，其木多枸，多豫章，其草多嘉荣、少辛。有兽焉，其状如狐，而白尾长耳，名独狼^①，见则国内有兵。

注译

① 【独狼】：独，音是。

　　再往东四百里，是蛇山，山上多产黄金，山下多产垩土，山上的树木多是枸树，多生豫章，山上的草多是嘉荣、少辛。有一种野兽，它的形状像狐狸，白色的尾巴，长耳朵，名叫独狼，它一出现国内就会发生战争。

⑦ 又东五百里，曰鬲山^①，其阳多金，其阴多白珉。蒲鹕^②之水出焉，而东

流注于江，其中多白玉。其兽多犀、象、熊、罴，多猿、蜼。

注译

① 【鬲山】：鬲，音利。
② 【蜼】：音来。

　　再往东五百里，是鬲山，山的南面多产金，山的北面多产白珉。蒲鬻之水从这里发源，向东流注入江，其中多产白玉。山中的野兽多是犀、象、熊、罴，还有很多猿、蜼。

　　8 又东北三百里，曰隅阳之山，其上多金玉，其下多青雘，其木多梓、桑，其草多茈。徐之水出焉，东流注于江，其中多丹粟。

　　再往东北三百里，是隅阳之山，山上多产金、玉，山下多产青雘，山上的树木多是梓树、桑树，山上的草多是茈。徐之水从这里发源，向东流注入江，其中多产丹砂。

　　9 又东二百五十里，曰岐山，其上多白金，其下多铁，其木多梅、梓，多杻、橿。减水出焉，东南流注于江。

　　再往东二百五十里，是岐山，山上多产白金，山下多产铁，山中的树木多是梅树、梓树，有很多杻树、橿树。减水从这里发源，向东南流注入江。

　　10 又东三百里，曰勾檷之山①，其上多玉，其下多黄金，其木多栎、柘，其草多芍药。

注译

① 【勾檷之山】：檷，音弥。

　　再往东三百里，是勾檷之山，山上多产玉，山下多产黄金，山中的树多是栎树、柘树，山中的草多是芍药。

　　11 又东一百五十里，曰风雨之山，其上多白金，其下多石涅，其木多椒①、榿②，多杨。宣余之水出焉，东流注于江，其中多蛇。其兽多闾、麋，多麈、豹、虎，其鸟多白鷮。

注译

① 【椒】：音邹。

②【樿】：音善。即白理木。

再往东一百五十里，是风雨之山，山上多产白金，山下多产石涅，山中的树木多是椆树、樿树，还有很多杨树。宣余之水从这里发源，向东流注入江，其中有很多蛇。山中的野兽多是闾、麋，有很多麈、豹、虎，山中的鸟多是白鹇。

⑫ 又东北二百里，曰玉山，其阳多铜，其阴多赤金，其木多豫章、楢、杻，其兽多豕、鹿、麢、臬，其鸟多鸩。

再往东北二百里，是玉山，山的南面多产铜，山的北面多产赤金，山中的树木多是豫章、楢树、杻树，山中的野兽多是猪、鹿、麢、臬，山中的鸟多是鸩。

⑬ 又东一百五十里，曰熊山。有穴焉，熊之穴，恒出神人。夏启而冬闭；是穴也，冬启乃必有兵。其上多白玉，其下多白金，其木多樗、柳，其草多寇脱。

再往东一百五十里，是熊山。有一处洞穴，是熊的洞穴，经常出现神人。夏天开启，冬天封闭。这个洞穴，一旦冬天开启了一定会有战争。山上多产白玉，山下多产白金，山中的树木多是樗树、柳树，山中的草多是寇脱。

⑭ 又东一百四十里，曰騩山，其阳多美玉赤金，其阴多铁，其木多桃枝、荆、芑。

再往东一百四十里，是騩山，山的南面多产美玉、赤金，山的北面多产铁，山中的树木多是桃枝、荆棘、枸杞。

⑮ 又东二百里曰葛山，其上多赤金，其下多瑊石①，其木多柤、栗、橘、櫾、楢、杻，其兽多麢、臬，其草多嘉荣。

注译

①【瑊石】：瑊，音兼。石之次玉者。

再往东二百里是葛山，山上多产赤金，山下多产瑊石，山中的树木多是柤树、栗树、橘树、柚树、楢树、杻树，山中的野兽多是麢、臬，山中的草多是嘉荣。

⑯ 又东一百七十里，曰贲超之山，其阳多黄垩，其阴多美赭，其木多柤、

栗、橘、櫞，其中多龙修①。

注译

①【龙修】：即龙须草。

再往东一百七十里，是贾超之山，山的南面多产黄垩，山的北面多产美赭，山上的树木多是柤树、栗树、橘树、柚树，山中多产龙修。

⑰ 凡岷山之首，自女几山至于贾超之山，凡十六山，三千五百里①。其神状皆马身而龙首。其祠：毛用一雄鸡瘗，糈用稌。文山②、勾檷、风雨、骓之山③，是皆冢也。其祠之：羞酒④，少牢具，婴毛一吉玉。熊山，席也⑤，其祠：羞酒，太牢具，婴毛一璧。干儛，用兵以禳⑥；祈璆⑦，冕舞。

注译

①【三千五百里】：今总计全经里程数为三千六百五十里。
②【文山】：此山不见于经文，大概即岷山。《史记》又作汶山，古字通用。
③【骓之山】：即骓山，"之"字衍。
④【羞酒】：先进酒以祭神。
⑤【熊山，席也】："席"当作"帝"。
⑥【用兵以禳】：用兵器进行禳祭。禳，音瓢。驱邪除恶之祭。
⑦【璆】：音求，同"球"，美玉。

总计岷山这组山，自女几之山到贾超之山，一共十六座，行经三千五百里，各山神的外形都是马的身子、龙的脑袋。祭祀它们：用一只纯色的公鸡埋入地下，祭神的精米用粳稻。文山、勾檷、风雨、骓之山，都是诸山的宗主。祭祀它们：先以酒献祭，祭品用少牢，婴用一块纯色的吉玉。熊山，是诸山之帝。祭祀他：先以酒献祭，祭品用太牢，婴用一块纯色的玉璧。配上干儛，以此用兵器来祈禳，还要用璆祈祷，这时要穿着冕服跳舞。

中次十经

❶《中次十经》之首，曰首阳之山①，其上多金玉，无草木。

注译

①【首阳之山】：一作"首山"。疑即今河南省许昌市襄城县南的首山。

《中次十经》这组山，第一座是首阳之山，山上多产金、玉，不生草木。

❷ 又西五十里，曰虎尾之山，其木多椒、椐，多封石，其阳多赤金，其阴多铁。

再往西五十里，是虎尾之山，山中的树木多是椒树、椐树，多产封石，山的南面多产赤金，山的北面多产铁。

❸ 又西南五十里，曰繁缋①之山，其木多楢、杻，其草多枝、勾②。

注译

①【缋】：音溃。
②【枝、勾】：枝勾，大概即桃枝、勾端。

再往西南五十里，是繁缋之山，山中的树木多是楢树、杻树，山中的草多是桃枝、勾端。

❹ 又西南二十里，曰勇石之山，无草木，多白金，多水。

再往西南二十里，是勇石之山，不生草木，多产白金，有很多流水。

❺ 又西二十里，曰复州之山，其木多檀，其阳多黄金。有鸟焉，其状如鸮，而一足彘尾，其名曰跂踵①，见则其国大疫。

注译

①【跂踵】：跂，音奇。踵，单种。

再往西二十里，是复州之山，山上的树木多是檀树，山的南面多产黄金。有一种鸟，它的形状像鸮，只有一只脚，猪的尾巴，它的名字叫跂踵，它一出现这个国家就会爆发大瘟疫。

❻ 又西三十里，曰楮山，多寓木，多椒、椐，多柘，多垩。

再往西三十里，是槠山，多生寓木，多有椒树、椐树，还有很多柘树，多产垩。

7 又西二十里，曰又原之山，其阳多青雘，其阴多铁，其鸟多鸜鹆[①]。

注译

①【鸜鹆】：鸜，音渠。鹆，音欲。即今鸲鹆，俗称八哥。

再往西二十里，是又原之山，山的南面多产青雘，山的北面多产铁，山中的鸟多是鸜鹆。

8 又西五十里，曰涿山[①]，其木多榖、柞、杻，其阳多㻬琈之玉。

注译

①【涿山】：即今河南省南阳市北的独山。

再往西五十里，是涿山，山中的树木多是构树、柞树、杻树，山的南面多产㻬琈之玉。

9 又西七十里，曰丙山，其木多梓、檀，多弞杻[①]。

注译

①【弞杻】：弞，音审。弞杻即长杻。

再往西七十里，是丙山，山中的树木多是梓树、檀树，有很多弞杻。

10 凡首阳山之首，自首山[①]至于丙山，凡九山，二百六十七里[②]。其神状皆龙身而人面。其祠之：毛用一雄鸡瘗，糈用五种之糈[③]。堵山[④]，冢也，其祠之：少牢具，羞酒祠，婴毛一璧瘗。騩山，帝也，其祠：羞酒，太牢；其合巫祝二人儛，婴一璧。

注译

①【首山】：即本经起始的首阳山。
②【二百六十七里】：今本总计里程三百一十里。
③【五种之糈】：五种即黍、稷、稻、粱、麦。“糈”当作“精”。
④【堵山】：即槠山。

　　总计首阳山这组山，自首山到丙山，一共九座，行经二百六十七里。各山神的外形都是龙的身子、人的面孔。祭祀它们：用一只纯色的公鸡埋入地下，祀神的精米要用五种粮米的精华。堵山，是诸山的宗主，祭祀它：祭品用少牢，进献美酒来祭祀，婴用一块纯色的玉璧埋入地下。骢山，是诸山之帝，祭祀它：先以酒献祭，祭品用太牢；巫祝二人一起合舞，婴用一块玉璧。

中次一十一山经

❶《中次一十一山经》荆山①之首，曰翼望之山②。湍水③出焉，东流注于济④；贶水⑤出焉，东南流注于汉，其中多蛟。其上多松、柏，其下多漆、梓，其阳多赤金，其阴多珉。

注译

①【荆山】：此处的荆山与上文的荆山不在一处。
②【翼望之山】：当在今河南省南阳市内乡县。
③【湍水】：今名湍河。
④【济】：济水，古水名。见《北次三经》"王屋之山""㴲水"注。
⑤【贶水】：贶，音矿。即今天的淅水。

《中次一十一山经》荆山这组山的第一座，是翼望之山。湍水从这里发源，向东流注入济；贶水从这里发源，向东南流注入汉，其中有很多蛟。山上多生松树、柏树，山下多生漆树、梓树，山的南面多产赤金，山的北面多产珉。

❷ 又东北一百五十里，曰朝歌之山①。潕水②出焉，东南流注于荥，其中多人鱼。其上多梓、楠，其兽多麢、麋。有草焉，名曰莽草③，可以毒鱼。

注译

①【朝歌之山】：与上文《中次五经》所记载的朝歌不是一处，此处约在今河南省泌阳县西北。
②【潕水】：潕，音武。一作舞水。源出今河南省泌阳县西北，东流至西平县东入汝水。
③【莽草】：即芒草。

再往东北一百五十里，是朝歌之山。潕水从这里发源，向东南流注入荥，其中有很多人鱼。山上多生梓树、楠树，山里的野兽多是麢、麋。有一种草，名叫莽草，可以毒死鱼。

❸ 又东南二百里，曰帝囷之山，其阳多璿玗之玉，其阴多铁。帝囷之水出于其上，潜于其下，多鸣蛇。

再往东南二百里，是帝囷之山，山的南面多产璿玗之玉，山的北面多产铁。帝囷之水在山上发源，潜流到山下，山中有很多鸣蛇。

❹ 又东南五十里，曰视山，其上多韭。有井焉，名曰天井，夏有水，冬竭。其上多桑，多美垩、金玉。

再往东南五十里，是视山，山上多生韭菜。有一口井，名叫天井，夏季有水，冬季井水枯竭。山上有很多桑树，多产美垩、金、玉。

5 又东南二百里，曰前山，其木多楮①，多柏，其阳多金，其阴多赭。

注译

①【楮】：音朱。常绿乔木。

再往东南二百里，是前山，山中的树木多是楮树，有很多柏树，山的南面多产金，山的北面多产赭。

6 又东南三百里，曰丰山①。有兽焉，其状如猿，赤目、赤喙、黄身，名曰雍和，见则国有大恐。神耕父处之，常游清泠之渊，出入有光，见则其国为败。有九钟焉，是知霜鸣。其上多金，其下多榖、柞、杻、橿。

注译

①【丰山】：约在今河南省南阳市北。

再往东南三百里，是丰山。有一种野兽，它的形状像猿，红色的眼睛、红色的嘴、黄色的身体，名叫雍和，它一出现那个国家就会有大恐慌。耕父神住在这里，经常游荡在清泠之渊，出入的时候会发光，它一出现这个国家就会败落。山上有九钟，霜降的时候就会鸣响。山上多金，山上有很多构树、柞树、杻树、橿树。

7 又东北八百里，曰兔床之山，其阳多铁，其木多藷藇①，其草多鸡谷，其本如鸡卵，其味酸甘，食者利于人。

注译

①【藷藇】：藷藇并非树木，当作"楮""芋"，芋，即橡树。

再往东北八百里，是兔床之山，山的南面多产铁，山上的树木多是楮树、橡树，山中的草多是鸡谷，它的根像鸡蛋，它的味道酸甜，吃了对人有好处。

8 又东六十里，曰皮山，多垩，多赭，其木多松柏。

再往东六十里，是皮山，多产垩，多产赭，山中的树木多是松树、柏树。

9 又东六十里，曰瑶碧之山，其木多梓、楠，其阴多青雘，其阳多白金。有鸟焉，其状如雉，恒食蜚①，名曰鸩②。

注译

① 【蜚】：音匪。又名蜚蠊，即蟑螂。

② 【鸩】：与我们平常所说的毒鸟"鸩"不同，同名而异物。

再往东六十里，是瑶碧之山，山上的树木多是梓树、楠树，山的北面多产青雘，山的南面多产白金。有一种鸟，它的形状像雉，经常吃蜚，名叫鸩②。

⑩ 又东四十里，曰支离之山。济水①出焉，南流注于汉。有鸟焉，其名曰婴勺，其状如鹊，赤目、赤喙、白身，其尾若勺，其鸣自呼。多㸲牛，多羬羊。

注译

① 【济水】：当作"渒水"，一作育水，古水名，即今河南省白河。

再往东四十里，是支离之山。济水从这里发源，向南流注入汉。有一种鸟，它名叫婴勺，它的形状像鹊，红色的眼睛、红色的嘴、白色的身子，它的尾巴像勺子，它的叫声就是自己名字的读音。山中有很多㸲牛，有许多羬羊。

⑪ 又东北五十里，曰袟簡①之山，其上多松、柏、机、桓②。

注译

① 【袟簡】：袟，音质。簡，音雕。

② 【桓】：即无患子。

再往东北五十里，是袟簡之山，山上有很多松树、柏树、机树、桓树。

⑫ 又西北一百里，曰堇理之山，其上多松柏，多美梓，其阴多丹雘，多金，其兽多豹、虎。有鸟焉，其状如鹊，青身白喙，白目白尾，名曰青耕，可以御疫，其鸣自叫。

再往西北一百里，是堇理之山，山上有很多松树、柏树，有许多美梓，山的北面多产丹雘，多产金，山中的野兽多是豹、虎。有一种鸟，它的形状像鹊，青色的身子，白色的嘴，白色的眼睛，白色的尾巴，名叫青耕，可以用来抵御瘟疫，它的叫声就是自己名字的读音。

⑬ 又东南三十里，曰依轱之山，其上多杻、橿，多苴①。有兽焉，其状如犬，虎爪有甲，其名曰㺄②，善駚㞎③，食者不风④。

注译

① 【苴】：音居。柤的假借字，柤即山楂。
② 【獜】：音客。
③ 【驶牟】：驶，音央。牟，音愤。跳跃自扑。
④ 【食者不风】：不惧大风，不得风疾。

再往东南三十里，是依轱之山，山上多生杻树、橿树，有很多山楂树。有一种野兽，它的形状像狗，有老虎一样的爪子，有鳞甲，它名叫獜，善于跳跃自扑，吃了它的肉的人不惧大风，不得风疾。

⑭ 又东南三十五里曰即谷之山，多美玉，多玄豹，多闾、麋，多麢、臭。其阳多珉，其阴多青膜。

再往东南三十五里是即谷之山，多产美玉，有很多玄豹，多生闾、麋，有许多麢、臭。山的南面多产珉，山的北面多产青膜。

⑮ 又东南四十里，曰鸡山①，其上多美梓，多桑，其草多韭。

注译

① 【鸡山】：或即今河南省信阳市南的鸡公山。

再往东南四十里，是鸡山，山上有许多美梓，多生桑树，山中的草多是韭。

⑯ 又东南五十里，曰高前之山①。其上有水焉，甚寒而清，帝台之浆也，饮之者不心痛。其上有金，其下有赭。

注译

① 【高前之山】：即今天池山，在河南省内乡县东北。

再往东南五十里，是高前之山。山上有一处水流，十分寒冽而清澈，这是帝台的水浆，喝了它的人不会心痛。山上产金，山下产赭石。

⑰ 又东南三十里，曰游戏之山，多杻、橿、榖，多玉，多封石。

再往东南三十里，是游戏之山，多生杻树、橿树、构树，多产玉，有很多封石。

⑱ 又东南三十五里，曰从山，其上多松柏，其下多竹。从水出于其上，潜

于其下，其中多三足鳖，枝尾，食之无蛊疫。

再往东南三十五里，是从山，山上多生松树、柏树，山下多生竹子。从水从山上发源，潜流到山下，其中有很多三足鳖，尾巴分叉，吃了它可以不得蛊病。

⑲ 又东南三十里，曰婴硬①之山，其上多松柏，其下多梓、櫄②。

注译

① 【硬】：音阴。
② 【櫄】：音春，即杶，同椿，香椿树。

再往东南三十里，是婴硬之山，山上有很多松树、柏树，山下有许多梓树、櫄树。

⑳ 又东南三十里，曰毕山。帝苑之水出焉，东北流注于视，其中多水玉，多蛟。其上多璿瑘之玉。

再往东南三十里，是毕山。帝苑之水从这里发源，向东北流注入视，其中多产水玉，有很多蛟。山上多产璿瑘之玉。

㉑ 又东南二十里，曰乐马之山。有兽焉，其状如汇①，赤如丹火，其名曰狼②，见则其国大疫。

注译

① 【汇】：音卫。即刺猬。
② 【狼】：音利。

再往东南二十里，是乐马之山。有一种野兽，它的形状像刺猬，身子红得像火一样，它名叫狼，它一出现那个国家就要有大瘟疫。

㉒ 又东南二十五里，曰葳山，视水出焉，向东南流注于汝水，其中多人鱼，多蛟，多颉①。

注译

① 【颉】：或即水獭。

再往东南二十五里，是葳山，视水从这里发源，向东南流入汝水，其中有很多人鱼，有很多蛟，有许多颉。

㉓ 又东四十里，曰婴山，其下多青雘，其上多金玉。

再往东四十里，是婴山，山下多产青雘，山上多产金、玉。

㉔ 又东三十里，曰虎首之山，多苴、椆①、椐。

注译

①【椆】：音仇。

再往东三十里，是虎首之山，有很多苴树、椆树、椐树。

㉕ 又东二十里，曰婴侯之山，其上多封石，其下多赤锡。

再往东二十里，是婴侯之山，山上多产封石，山下多产赤锡。

㉖ 又东五十里，曰大孰之山。杀水出焉，东北流注于视水，其中多白垩。

再往东五十里，是大孰之山。杀水从这里发源，向东北流入视水，其中多产白垩。

㉗ 又东四十里，曰卑山，其上多桃、李、苴、梓，多累。

再往东四十里，是卑山，山上有很多桃树、李树、苴树、梓树，有很多豆类。

㉘ 又东三十里，曰倚帝之山，其上多玉，其下多金。有兽焉，其状如鼣鼠①，白耳白喙，名曰狙如，见则其国有大兵。

注译

①【鼣鼠】：鼣，音肺。

再往东三十里，是倚帝之山，山上多产玉，山下多产金。有一种野兽，它的形状像鼣鼠，白色的耳朵，白色的嘴，名叫狙如，它一出现这个国家就要有大战争。

㉙ 又东三十里，曰鲵山，鲵水出于其上，潜于其下，其中多美垩。其上多金，其下多青雘。

再往东三十里，是鲵山，鲵水从山上发源，潜流到山下，其中多产美垩。山上多产金，山下多产青雘。

30 又东三十里，曰雅山①。澧水出焉，东流注于视水，其中多大鱼。其上多美桑，其下多苴，多赤金。

注译

①【雅山】："雅"乃"雉"之误。雉山，又名雉衡山、郦鸣山，在今河南省方城县西北。

再往东三十里，是雉山。澧水从这里发源，向东流入视水，其中有很多大鱼。山上多生美桑，山下多生苴树，多产赤金。

31 又东五十五里，曰宣山①。沦水出焉，东南流注于视水，其中多蛟。其上有桑焉，大五十尺②，其枝四衢，其叶大尺余，赤理，黄华，青柎，名曰帝女之桑。

注译

①【宣山】在今河南省泌阳县。
②【大五十尺】：大，指周长。

再往东五十五里，是宣山。沦水从这里发源，向东南流入视水，其中有很多蛟。山上有桑树，周长五十尺，树枝分成四岔，它的叶子有一尺多长，红色的花纹，黄色的花，青色的花萼，名叫帝女之桑。

32 又东四十五里，曰衡山，其上多青雘，多桑，其鸟多鸜鹆。

再往东四十五里，是衡山，山上多产青雘，有很多桑树，山中的鸟多是鸜鹆。

33 又东四十里，曰丰山，其上多封石，其木多桑，多羊桃，状如桃而方茎，可以为皮张①。

注译

①【皮张】：张，通"胀"，肿胀。

再往东四十里，是丰山，山上多产封石，山中的树木多是桑树，有很多羊桃，形状像桃，有方形的树茎，可以用来治疗肿胀。

34 又东七十里，曰妪山，其上多美玉，其下多金，其草多鸡谷。

再往东七十里，是妪山，山上多产美玉，山下多产金，山中的草多是鸡谷。

35 又东三十里，曰鲜山，其木多楢、杻、苴，其草多薹冬，其阳多金，其阴多铁。有兽焉，其状如膜大①，赤喙、赤目、白尾，见则其邑有火，名曰㺔即②。

注译

① 【膜大】："大"当作"犬"。
② 【㺔即】：㺔，音疑。郭郭以为乃是小熊猫。

再往东三十里，是鲜山，山中的树木多是楢树、杻树、苴树，山中的草多是薹冬，山的南面多产金，山的北面多产铁。有一种野兽，它的形状像膜犬，红色的嘴，红色的眼睛，白色的尾巴，它一出现那个地方就会有火灾，名叫㺔即。

36 又东三十里，曰章山，其阳多金，其阴多美石。皋水出焉，东流注于澧水，其中多脆①石。

注译

① 【脆】：同"脆"，此石小薄易碎，故名。

再往东三十里，是章山，山的南面多产金，山的北面多产美石。皋水从这里发源，向东流入澧水，其中有很多脆石。

37 又东二十五里，曰大支之山，其阳多金，其木多榖、柞，无草木。

再往东二十五里，是大支之山，山的南面多产金，山中的树木多是构树、柞树，没有草木。

38 又东五十里，曰区吴之山，其木多苴。

再往东五十里，是区吴之山，山中的树木多是苴树。

39 又东五十里，曰声匈之山，其木多榖，多玉，上多封石。

再往东五十里，是声匈之山，山中的树木多是构树，多产玉，山上有很多封石。

40 又东五十里，曰大騩之山，其阳多赤金，其阴多砥石。

再往东五十里，是大騩之山，山的南面多产赤金，山的北面多产砥石。

41 又东十里，曰踵白之山，无草木。

再往东十里，是踵白之山，没有草木。

42 又东北七十里，曰历石之山，其木多荆芑，其阳多黄金，其阴多砥石。有兽焉，其状如狸，而白首虎爪，名曰梁渠，见则其国有大兵。

再往东北七十里，是历石之山，山上的树木多是荆棘、枸杞，山的南面多产黄金，山的北面多产砥石。有一种野兽，它的形状像狸，白色的头，老虎的爪子，名叫梁渠，它一出现这个国家就要有大战争。

43 又东南一百里，曰求山。求水出于其上，潜于其下，中有美赭。其木多苴，多镅①。其阳多金，其阴多铁。

注译

①【镅】：音媚。竹子的一种。

再往东南一百里，是求山。求水从山上发源，潜流到山下，水中有美赭。山中的树木多是苴树，有很多镅。山的南面多产金，山的北面多产铁。

44 又东二百里，曰丑阳之山，其上多椆、椐。有鸟焉，其状如乌而赤足，名曰𩿧𪄠①，可以御火。

注译

①【𩿧𪄠】：𩿧，音旨。𪄠，音徒。

再往东二百里，是丑阳之山，山上有很多椆树、椐树。有一种鸟，它的形状像乌鸦，红色的脚，名叫𩿧𪄠，饲养它可以防御火灾。

45 又东三百里，曰奥山，其上多柏、杻、橿，其阳多㻬琈之玉。奥水出焉，东流注于视水。

再往东三百里，是奥山，山上有很多柏树、杻树、橿树，山的南面多产㻬琈之玉。奥水从这里发源，向东流入视水。

46 又东三十五里，曰服山，其木多苴，其上多封石，其下多赤锡。

再往东三十五里，是服山，山中的树木多是苴树，山上多产封石，山下多产红锡。

47 又东百十里，曰杳山，其上多嘉荣草，多金玉。

再往东一百一十里，是杳山，山上有很多嘉荣草，多产金、玉。

48 又东三百五十里，曰几山，其木多楢、檀、杻，其草多香①。有兽焉，其状如彘，黄身、白头、白尾，名曰闻磷②，见则天下大风。

注译

①【其草多香】：是说该山盛产各种香草。
②【闻磷】：磷，音林。

再往东三百五十里，是几山，山中的树木多是楢树、檀树、杻树，山中的草多是各种香草。有一种野兽，它的形状像猪，黄色的身子、白色的头、白色的尾巴，名叫闻磷，它一出现天下就会刮大风。

49 凡荆山之首，自翼望之山至于几山，凡四十八山，三千七百三十二里。其神状皆彘身人首。其祠：毛用一雄鸡祈，瘗用一珪，糈用五种之精。禾山①，帝也，其祠：太牢之具，羞瘗倒毛②；用一璧，牛无常③。堵山、玉山④冢也，皆倒祠⑤，羞毛少牢，婴毛吉玉。

注译

①【禾山】：经文无此山。郝懿行以为乃"帝囷山"的脱文，或者是"求山"的讹误。
②【瘗倒毛】：将所献祭的牲畜倒着埋起来。
③【牛无常】：太牢三牲不必齐备，牛可有可无。
④【堵山、玉山】：堵山见《中次十经》，玉山见《中次八经》与《中次九经》，此经都无此二山，不知是何字之讹。
⑤【倒祠】：即"瘗倒毛"。

总计荆山这组山，自翼望之山到几山，一共四十八座，行经三千七百三十二里。各山神的外形都是猪的身子、人的头。祭祀它们：用一只纯色的公鸡祈祷，然后埋进土里，用一块玉珪，祭神的精米要用五种良米的精华。禾山，是诸山之帝。祭祀它：祭品用太牢，将祭物倒着埋起来，用一块玉璧，太牢中的牛不是必须的。堵山、玉山，是诸山的宗主，都用倒埋祭物的方式祭祀，祭品用少牢，婴用吉玉。

中次十二经

❶ 《中次十二经》洞庭山之首，曰篇遇之山①，无草木，多黄金。

注译

①【篇遇之山】：即编山，在今湖南省岳阳市南。

《中次十二经》洞庭山这组山的第一座，是篇遇之山，没有草木，多产黄金。

❷ 又东南五十里，曰云山，无草木。有桂竹，甚毒，伤人必死。其上多黄金，其下多璁琈之玉。

再往东南五十里，是云山，没有草木。生长有桂竹，毒性很强，若是它划伤了人，那人必死无疑。山上多产黄金，山下多产璁琈之玉。

❸ 又东南一百三十里，曰龟山①，其木多榖、柞、椆、椐，其上多黄金，其下多青雄黄，多扶竹。

注译

①【龟山】：今湖南省岳阳市华容县有龟山。大致与经文所述相符。

再往东南一百三十里，是龟山，山中的树木多是构树、柞树、椆树、椐树，山上多产黄金，山下多产青雄黄，多生扶竹。

❹ 又东七十里，曰丙山，多筀竹①，多黄金铜铁，无木。

注译

①【筀竹】：筀，音贵。

再往东七十里，是丙山，多生筀竹，多产黄金、铜、铁，没有树木。

❺ 又东南五十里，曰风伯之山，其上多金玉，其下多痠石①、文石，多铁，其木多柳、杻、檀、楮。其东有林焉，名曰莽浮之林，多美木鸟兽。

注译

①【痠石】：痠，音酸。

再往东南五十里，是风伯之山，山上多产金、玉，山下多产痠石、文石，多产铁，山中的树木多是柳树、杻树、檀树、楮树。山的东面有一处树林，名叫莽浮之林，有许多高大茂盛的树木和鸟兽。

6 又东一百五十里，曰夫夫之山^①，其上多黄金，其下多青雄黄，其木多桑、楮，其草多竹、鸡鼓。神于儿居之，其状人身而身操两蛇^②，常游于江渊，出入有光。

注译

①【夫夫之山】：当作"大夫之山"。
②【身操两蛇】：当作"手操"。

　　再往东一百五十里，是大夫之山，山上多产黄金，山下多产青雄黄，山中的树木多是桑树、楮树，山中的草多是竹子、鸡鼓。于儿神住在这里，他的外形是人的身体，手里拿着两条蛇，经常游荡于江渊，出入的时候会发光。

7 又东南一百二十里，曰洞庭之山^①，其上多黄金，其下多银、铁，其木多柤、梨、橘、櫾，其草多葌、蘪芜、芍药、芎䓖。帝之二女^②居之，是常游于江渊。澧沅之风，交潇湘之渊，是在九江之闲，出入必以飘风暴雨。是多怪神，状如人而载^③蛇，左右手操蛇。多怪鸟。

注译

①【洞庭之山】：即君山，又名湘山。在湖南省岳阳市西，洞庭湖北岸。
②【帝之二女】：即尧帝之女娥皇与女英。嫁与舜帝，舜帝南巡，崩于苍梧，二女哭夫而死，化为湘水之神。
③【载】：通"戴"。

　　再往东南一百二十里，是洞庭之山，山上多产黄金，山下多产银、铁，山中的树多是山楂树、梨树、橘树、柚树，山中的草多是葌、蘪芜、芍药、芎䓖。尧帝的两个女儿住在这里，经常在江渊游荡。澧水和沅水吹来的风，交会在潇湘之渊，那地方正在九江汇合的中间，她们出入必然伴随着狂风大雨。这里有许多怪神，外形像人，身上戴着蛇，左右手均拿着蛇。还有许多怪鸟。

8 又东南一百八十里，曰暴山^①，其木多棕、楠、荆、芑、竹、箭、镝、箘^②，其上多黄金、玉，其下多文石、铁，其兽多麋、鹿、麠^③、就^④。

注译

①【暴山】：今湖南省岳阳市东的大云山旧称"暴山"，疑即此山。

② 【筠】：音均。竹子的一种。

③ 【麔】：音载。即麖。

④ 【就】：即雕。

再往东南一百八十里，是暴山，山中的树木多是棕树、楠树、荆棘、枸杞、竹子、箭竹、篘、筠，山上多产黄金、玉，山下多产文石、铁，山中的野兽多是麋、鹿、麔、就。

❾ 又东南二百里，曰即公之山，其上多黄金，其下多璇珸之玉，其木多柳、杻、檀、桑。有兽焉，其状如龟，而白身赤首，名曰蜼①，是可以御火。

注译

① 【蜼】：音鬼。

再往东南二百里，是即公之山，山上多产黄金，山下多产璇珸之玉，山中的树木多是柳树、杻树、檀树、桑树。有一种野兽，它的形状像龟，白色的身子，红色的头，名叫蜼，可以防御火灾。

❿ 又东南一百五十九里，有尧山，其阴多黄垩，其阳多黄金，其木多荆、芑、柳、檀，其草多藷藇、茱。

再往东南一百五十九里，有一座尧山，它的北面多产黄垩，它的南面多产黄金，山中的树木多是荆棘、枸杞、柳树、檀树，山中的草多是藷藇、茱。

⓫ 又东南一百里，曰江浮之山，其上多银、砥、砺，无草木，其兽多豕、鹿。

再往东南一百里，是江浮之山，山上多产银、砥、砺，没有草木，山中的野兽多是豕、鹿。

⓬ 又东二百里，曰真陵之山，其上多黄金，其下多玉，其木多榖、柞、柳、杻，其草多荣草。

再往东二百里，是真陵之山，山上多产黄金，山下多产玉，山中的树木多是构树、柞树、柳树、杻树，山中的草多是荣草。

⓭ 又东南一百二十里，曰阳帝之山，多美铜，其木多橿、杻、麋①、楮，其兽多麢、麝。

注译

①【檿】：音演。即檿桑，又名柞树。

　　再往东南一百二十里，是阳帝之山，多产美铜，山中的树木多是檀树、杻树、柞树、楮树，山中的野兽多是麢、麝。

⑭ 又南九十里，曰柴桑之山①，其上多银，其下多碧，多泠石、赭，其木多柳、芑、楮、桑，其兽多麋鹿，多白蛇、飞蛇。

注译

①【柴桑之山】：应即今江西省九江市西南的柴桑山，汉于此置柴桑县。

　　再往南九十里，是柴桑之山，山上多产银，山下多产碧，多产泠石、赭石，山中的树木多是柳树、枸杞、楮树、桑树，山中的野兽多是麋鹿，有很多白蛇、飞蛇。

⑮ 又东二百三十里，曰荣余之山，其上多铜，其下多银，其木多柳、芑，其虫多怪蛇、怪虫。

　　再往东二百三十里，是荣余之山，山上多产铜，山下多产银，山中的树木多是柳树、枸杞，山中的虫多是怪蛇、怪虫。

⑯ 凡洞庭山之首，自篇遇之山至于荣余之山，凡十五山，二千八百里。其神状皆鸟身而龙首。其祠：毛用一雄鸡、一牝豚刏①，糈用稌。凡夫夫之山、即公之山、尧山、阳帝之山皆冢也，其祠：皆肆瘗②，祈用酒，毛用少牢，婴毛一吉玉。洞庭、荣余山神也，其祠：皆肆瘗，祈酒太牢祠，婴用圭璧十五，五彩惠之③。

注译

①【刏】：音基。宰杀切割。
②【肆瘗】：先陈列祭品，然后再埋下。
③【惠之】：装饰。

　　总计洞庭山这组山，自篇遇之山到荣余之山，一共十五座，行经二千八百里。诸各山神的外形都是鸟的身子，龙的脑袋。祭祀它们：用一只纯色的公鸡、一头母猪宰杀后切割，祭神的精米用稻米。凡大夫之山、即公之山、尧山、阳帝之山，都是诸山的宗主，祭祀它们：先陈列祭品而后埋入地下，祈祷用，毛物用少牢，婴用一块吉玉。洞庭之山、荣余之山，是神显灵的山，祭祀它们：先陈列祭品而后埋入地下，祈祷用酒和太牢，婴用十五块玉圭、十五块玉璧，用五彩装饰它们。

右中经之山志，大凡百九十七山，二万一千三百七十一里。

大凡天下名山五千三百七十，居地大凡六万四千五十六里。

以上是《中山经》的记录，总计一百九十七座山，二万一千三百七十一里。

总计天下名山共有五千三百七十座，占地一共六万四千零五十六里。

禹曰：天下名山，经五千三百七十山，六万四千五十六里，居地也。言其《五臧》，盖其余小山甚众，不足记云。天地之东西二万八千里，南北二万六千里，出水之山者八千里，受水者八千里，出铜之山四百六十七，出铁之山三千六百九十。此天地之所分壤树谷也，戈矛之所发也，刀铩之所起也，能者有余，拙者不足。封于太山，禅于梁父，七十二家，得失之数，皆在此内，是谓国用。①

注译

① 案：此段非《山经》本文，而是后人所增。

大禹说：天下的名山，行经了五千三百七十座，六万四千零五十六里的地域。只记这《五臧山经》中的，是因为除此以外的小山太多，不值得一一记述。天地从东到西共二万八千里，从南到北共二万六千里，江河发源的山是八千里，江河流经的山是八千里，出产铜的山有四百六十七座，出产铁的山有三千六百九十座。这是天地给予人划分疆土、种植五谷的地方，也是生产兵器、发生战争的根源，能力强者富裕有余，能力差者贫穷不足。在泰山上祭天，在梁父山上祭地的帝王一共有七十二位，得失的运数都在其中，这就是所谓的国家财用。

右《五臧山经》五篇，大凡一万五千五百三字①。

注译

① 郝《疏》云："今二万一千二百六十五字。"

右边是《五臧山经》五篇，一共一万五千五百零三字。

山海经注译卷六

海外南经

自此以下十三篇是《海经》的部分。前四篇"海外四经"相对有条理一些，与《山经》应该是同一部书的两个组成部分，《山经》相当于是这部书的"海内"部分。古时地理书言及海外情况，率多志怪神异之事，西方直到文艺复兴时期的地图上依旧画有人鱼、海怪等神怪之物，这本是古代地理著作的共性，不足为怪。

地之所载，六合①之间，四海之内，照之以日月，经之以星辰，纪之以四时②，要之以太岁③。神灵所生，其物异形，或夭或寿，唯圣人能通其道。

注译

①【六合】：东、西、南、北、上、下六方为六合。
②【四时】：古人以春、夏、秋、冬四季为四时。
③【太岁】：古代天文学中假想的岁星。岁星即木星，古人以木星每十二年绕行一周天，因而将黄道分为十二支，用以纪年。但木星运行方向是自西向东，与黄道方向相反。因此古人假想有一颗太岁星，与木星运行方向相反，便于纪年。

大地所承载，上下四方之间，四海以内，被日月所照耀，有星辰在经行，以四季纪年月，用太岁正天时。神灵所生的万物各有不同的形状，有的夭折，有的长寿，只有圣人才能懂得其中的道理。

海外自西南陬①至东南陬者。

注译

①【陬】：音邹，角落。《海经》各篇，大概最早是先有图画，后有文字，文字只是对图画的说明，所以，每篇开始都有表示方位的提示语。

海外从西南角到东南角。

❶ 结匈国在其①西南，其为人结匈②。

注译

①【其】：海外四经在记录上呈一种环形的分布，这里的"其"代指下文中西南角的灭蒙鸟。此后的"其"都是代指前一条所指对象。
②【结匈】：胸骨前突。

结匈国在它的西南面，那里的人胸骨都向前突出。

❷ 南山在其东。自此山来，虫为蛇，蛇号为鱼。一曰南山在结匈东南。

南山在它的东面。从这座山以来，把虫叫作蛇，把蛇叫作鱼。另有一说是南山在结匈国的东南面。

3 比翼鸟在其东，其为鸟青、赤，两鸟比翼。一曰在南山东。

比翼鸟在它的东面，这种鸟的毛色青、红间杂，两只鸟的翅膀配合起来才能飞。另有一说比翼鸟在南山的东面。

4 羽民国在其东南，其为人长头，身生羽。一曰在比翼鸟东南，其为人长颊。

羽民国在它的东南面，那里的人头都很长，身上长满羽毛。另有一说是羽民国在比翼鸟的东南面，那里的人脸颊都很长。

5 有神人二八，连臂，为帝司①夜于此野。在羽民东，其为人小颊赤肩，尽十六人。

注译

①【司】：掌管，这里是守候的意思。

有神人二八，手臂挽在一起，在这荒野中为天帝守夜。在羽民国的东面，他们脸颊很小，赤红色的肩膀，总共有十六位。

6 毕方鸟在其东，青水西，其为鸟人面一脚。一曰在二八神东。

毕方鸟在它的东面，青水的西面，这种鸟长着人的脸，只有一只脚。另有一说是毕方鸟在二八神人的东面。

7 谨①头国在其南，其为人人面有翼，鸟喙，方②捕鱼。一曰在毕方东。或曰谨朱国。

注译

①【谨】：音欢。
②【方】：正在。《海经》是为古图所配的解说文字，因而经常会有这种对某一特定时间、特定动作的描述。

谨头国在它的南面，那里的人长着人的脸，还有翅膀，鸟的嘴，正在捕鱼。另有一说是谨头国在毕方鸟的东面。还有人说是叫谨朱国。

⑧ 厌火国在其国南，兽身黑色，生火出其口中。一曰在谨朱东。

厌火国在它的南面，那里的人长着野兽的身子，全身黑色，火从他们的嘴里吐出。另有一说是在谨朱国的东面。

⑨ 三株①树在厌火北，生赤水上，其为树如柏，叶皆为珠。一曰其为树若彗②。

注译

①【株】：当作"珠"。
②【彗】：即彗星。

三珠树在厌火国的北面，长在赤水岸边，这种树像柏树，叶子都是珠子。另有一说是这种树的样子像彗星。

⑩ 三苗国在赤水东，其为人相随。一曰三毛国。

三苗国在赤水的东面，那里的人一个跟随着一个。另有一说是三毛国。

⑪ 载①国在其东，其为人黄，能操弓射蛇。一曰载国在三毛东。

注译

①【载】：音志。

载国在它的东面，那里的人身体是黄色的，能张弓搭箭射蛇。另有一说是载国在三毛国的东面。

⑫ 贯匈国在其东，其为人匈有窍。一曰在载国东。

贯匈国在它的东边，那里的人胸部上都穿有洞。另有一说是贯匈国在载国的东面。

⑬ 交胫国在其东，其为人交胫①。一曰在穿匈②东。

注译

①【胫】：音径，人的小腿。

②【穿匈】：即贯匈国。

交胫国在它的东面，那里的人双脚交叉在一起。另有一说是在穿匈国的东面。

⑭ 不死民在其东，其为人黑色，寿，不死。一曰在穿匈国东。

不死民在它的东面，那里的人是黑色的，长寿，不会死。另有一说是在穿匈国的东面。

⑮ 岐舌①国在其东。一曰在不死民东。

注译

①【岐舌】：舌头分岔。

岐舌国在它的东面。另有一说是在不死民的东面。

⑯ 昆仑虚在其东，虚四方。一曰在岐舌东，为虚四方。

昆仑山在它的东面，山是四方形。另有一说在岐舌国的东面，山是四方的。

⑰ 羿①与凿齿②战于寿华之野，羿射杀之。在昆仑虚东。羿持弓矢，凿齿持盾。一曰戈。

注译

①【羿】：古时射日的英雄与夏代有穷氏国君都叫羿，不知指哪一位。
②【凿齿】：人名，有一个牙齿露在嘴外，长五六尺，像一把凿子，故名。

羿与凿齿在寿华之野交战，羿射死了他。在昆仑山的东面。羿手拿弓箭，凿齿手拿盾牌。另有一说是凿齿拿着戈。

⑱ 三首国在其东，其为人一身三首。一曰在凿齿东。

三首国在它的东面，那里的人有一个身子、三个头。另有一说是在凿齿的东面。

⑲ 周饶国在其东，其为人短小，冠带。一曰焦侥国，在三首东。

周饶国在它的东面，那里的人身材矮小，戴着冠，束着带。另有一说叫焦侥国，在三首国的东面。

⑳ 长臂国在其东，捕鱼水中，两手各操一鱼。一曰在焦侥东，捕鱼海中。

长臂国在它的东面，那里的人在水中捕鱼，两只手各抓着一条鱼。另有一说是在焦侥国的东面，那里的人是在大海中捕鱼。

㉑ 狄山，帝尧葬于阳，帝喾①葬于阴。爰有熊、罴、文虎、蜼、豹、离朱、视肉②。吁咽、文王皆葬其所。一曰汤山。一曰爰有熊、罴、文虎、蜼、豹、离朱、鸱久、视肉、𤛎交。其范林③方三百里。

注译

① 【帝喾】：喾，音酷。传说中五帝之一，尧帝的父亲。
② 【视肉】：传说中的怪兽，形状像牛肝，有两只眼睛，割了它的肉又能重新生长出来。
③ 【范林】：茂盛的树林。

狄山，尧帝葬在山的南面，帝喾葬在山的北面。这里有熊、罴、文虎、蜼、豹、离朱、视肉。吁咽和文王也葬在这里。另有一说是在汤山。还有一说是这里有熊、罴、文虎、蜼、豹、离朱、鸱久、视肉、𤛎交。有一片茂盛的树林，方圆三百里。

㉒ 南方祝融，兽身人面，乘两龙。

南方的祝融长着野兽的身子、人的脸，乘着两条龙。

山海经注译卷七

海外西经

海外自西南陬至西北陬者。

海外从西南角到西北角。

❶ 灭蒙鸟在结匈国北，为鸟青，赤尾。

灭蒙鸟在结匈国的北面，这种鸟是青色的，红色的尾巴。

❷ 大运山高三百仞，在灭蒙鸟北。

大运山高三百仞，在灭蒙鸟的北面。

❸ 大乐之野，夏后启①于此儛《九代》，乘两龙，云盖三层。左手操翳②，右手操环，佩玉璜③。在大运山北。一曰大遗之野。

注译

① 【夏后启】：大禹的儿子启，夏朝第一代国君。后，上古时对国君的称谓。
② 【翳】：用羽毛做的华盖。
③ 【璜】：一种半璧形的玉器。

大乐之野，夏后启在这里看乐舞《九代》，他驾着两条龙，有三重云盖在他身旁。他左手握着一把翳，右手拿着一只玉环，身上佩带着玉璜。在大运山的北面。另有一说是在大遗之野。

❹ 三身国在夏后启北，一首而三身。

三身国在夏后启的北面，那里的人长着一个头、三个身子。

❺ 一臂国在其北，一臂、一目、一鼻孔。有黄马，虎文，一目而一手。

一臂国在它的北面，那里的人都是一条手臂、一只眼睛、一个鼻孔。有一种黄色的马，身上有老虎的花纹，一只眼睛，一条前腿。

❻ 奇肱①之国在其北。其人一臂三目，有阴有阳，乘文马。有鸟焉，两头，赤黄色，在其旁。

注译

①【肱】：音公。

奇肱国在一臂国的北面。那里的人都是一条手臂，三只眼睛，眼睛分阴阳，骑着文马。有一种鸟，两个头，身子是红黄色的，在他们的旁边。

❼ 形天①与帝至此争神，帝断其首，葬之常羊之山。乃以乳为目，以脐为口，操干戚②以舞。

注译

①【形天】：即刑天。
②【干戚】：干，盾牌；戚，斧子。

刑天与天帝在这里争夺神位，天帝砍断了刑天的头，埋在了常羊之山。刑天便用乳头做眼睛，肚脐做嘴巴，挥舞着手中的盾牌和斧头。

❽ 女祭、女戚在其北，居两水间，戚操鱼鲷①，祭操俎②。

注译

①【鱼鲷】：当作"角鲷"，鲷，一种酒器。
②【俎】：音祖，祭祀时盛放祭品的礼器。

女祭、女戚在它的北面，处于两条水流的中间，女戚手里拿着角制的酒器，女祭手里捧着盛放祭品的俎。

❾ 鸢①鸟、鹡②鸟，其色青黄，所经国亡。在女祭北。鸢鸟人面，居山上。一曰维鸟，青鸟、黄鸟所集。

注译

①【鸢】：音次。
②【鹡】：音胆。

鸢鸟、鹡鸟，它们的身体是青黄色的，它们经过的国家都会灭亡。它们在女祭的北面。鸢鸟长着人的脸，住在山上。另有一说是它们统称维鸟，是青鸟、黄鸟聚集在一起的混称。

⑩ 丈夫国在维鸟北，其为人衣冠带剑。

丈夫国在维鸟的北面，那里的人都穿衣戴冠，佩带宝剑。

⑪ 女丑之尸，生而十日炙杀之。在丈夫北。以右手鄣①其面。十日居上，女丑居山之上。

注译

① 【鄣】：同"障"。遮掩。

有女丑的尸体，她生前被十个太阳烤死。在丈夫国的北面。用右手遮住她的脸。十个太阳在天上，女丑的尸体在山顶上。

⑫ 巫咸国在女丑北，右手操青蛇，左手操赤蛇。在登葆山，群巫所从上下也。

巫咸国在女丑的北面，那里的人是右手握着青蛇，左手握着红蛇。在登葆山，是巫师们上下往来的地方。

⑬ 并封在巫咸东，其状如彘，前后皆有首，黑。

并封在巫咸国的东面，它的形状像猪，前后都有头，黑色。

⑭ 女子国在巫咸北，两女子居，水周之。一曰居一门中。

女子国在巫咸国的北面，有两个女子住在这里，四周有水环绕。另有一说是她们住在一道门中。

⑮ 轩辕之国在此穷山之际，其不寿者八百岁。在女子国北，人面蛇身，尾交首上。

轩辕之国在这穷山的附近，那里的人就是寿命短的也能活八百岁。在女子国的北面，他们都长着人的脸、蛇的身子，尾巴盘绕在头上。

⑯ 穷山在其北，不敢西射，畏轩辕之丘。在轩辕国北，其丘方，四蛇相绕。

穷山在轩辕国的北面，那里的人不敢向西方射箭，畏惧轩辕之丘。位于轩辕国的北面，这个是方形的，有四条大蛇围绕着。

⓱ 此诸夭之野，鸾鸟自歌，凤鸟自舞；凤皇卵，民食之；甘露，民饮之，所欲自从也。百兽相与群居。在四蛇北，其人两手操卵食之，两鸟居前导之。

这个诸夭之野，鸾鸟在自在地歌唱，凤鸟在自在地舞蹈；凤皇的蛋，那里的人拿来吃；降下的甘露，那里的人拿来喝，心中所想都能如意。百兽在这里相伴群居。在四条蛇的北面，那里的人双手捧着蛋正在吃，有两只鸟在前面引导。

⓲ 龙鱼陵居①在其北，状如狸②。一曰鰕③。即有神圣乘此以行九野。一曰鳖鱼在天野北，其为鱼也如鲤。

注译

① 【陵居】：住在丘陵高地。
② 【狸】：当作"鲤"。
③ 【鰕】：音虾。

龙鱼住在它北面的丘陵高地上，形状像鲤鱼。另有一说像鰕鱼。就有神人骑着它漫游九州各地的原野。还有一说法是鳖鱼在沃野的北面，这种鱼的形状也像鲤鱼。

⓳ 白民之国在龙鱼北，白身被发。有乘黄，其状如狐，其背上有角，乘之寿二千岁。

白民之国在龙鱼的北面，那里的人身子是白色的，披散着头发。有一种叫乘黄的野兽，它的形状像狐狸，背上有角，人骑上它可以活两千岁。

⓴ 肃慎之国在白民北。有树名曰雄常，先入伐帝，于此取之①。

注译

① 【先入伐帝，于此取之】："先入伐帝"四字难解，据郭璞注，大意是肃慎之国的人平常不穿衣服，如果中原有圣明天子即位，常雄树就长出一种树皮，肃慎之国的人就可以拿它做成衣服穿。

肃慎之国在白民国的北面。有一种树叫作雄常，每当中原有圣明的天子即位，那里的人就取雄常树的树皮来做衣服。

㉑ 长股之国在雄常北，被发。一曰长脚。

长股之国在雄常的北面，那里的人都披散着头发。另有一说是长脚国。

㉒ 西方蓐收①，左耳有蛇，乘两龙。

注译

① 【蓐收】：蓐，音入。

西方的神蓐收，左耳上有蛇，驾着两条龙飞行。

山海经注译卷八

海外北经

海外自东北陬至西北陬者。

海外从东北角到西北角。

❶ 无啓①之国在长股东，为人无啓。

注译

①【啓】：音启。即腓肠，俗称小腿肚。

无啓国在长股国的东面，那里的人没有小腿肚。

❷ 钟山之神，名曰烛阴，视为昼，瞑为夜，吹为冬，呼为夏，不饮，不食，不息，息为风，身长千里。在无啓之东。其为物，人面，蛇身，赤色，居钟山下。

钟山的神名叫烛阴，它睁开眼就是白天，闭上眼就是黑夜，吹气是冬季，呼气是夏天，不喝水，不吃食，不呼吸，一呼吸就变成风，身子长达一千里。在无啓国的东面。他的外形是人的脸、蛇的身子、全身赤红，住在钟山下面。

❸ 一目国在其东，一目中其面而居。一曰有手足。

一目国在钟山的东面，那里的人一只眼睛长在脸的中间。另一种说法是有手和脚。

❹ 柔利国在一目东，为人一手一足，反膝，曲足居上。一云留利之国，人足反折。

柔利国在一目国的东面，那里的人一只手、一只脚，膝盖反着长，脚弯曲朝上。另有一说是叫留利国，那里的人脚是反折着的。

❺ 共工之臣曰相柳氏，九首，以食于九山。相柳之所抵①，厥②为泽溪。禹杀相柳，其血腥，不可以树五谷种。禹厥之，三仞三沮③，乃以为众帝之台。在昆仑之北，柔利之东。相柳者，九首人面，蛇身而青。不敢北射，畏共工之台。台在其东，台四方，隅有一蛇，虎色，首冲南方。

注译

①【抵】：接触，经过。

② 【厥】：通 "撅"。挖掘。
③ 【三仞三沮】：三，泛指多数。仞，填塞。沮，毁坏。

共工的臣子叫相柳，有九个头，分别在九座山上吃东西。相柳氏所经过的地方，都会变成沼泽溪水。大禹杀了相柳，相柳的血十分腥臭，所流过的地方不能种植五谷。大禹掘填这些地方，填了多次也塌陷了多次，于是大禹把挖掘出来的泥土为众帝修造了几座台。在昆仑山的北面、柔利国的东面。相柳，长着九个头，人的脸，蛇的身子，是青色的。不敢向北方射箭，因为畏惧共工之台。共工之台在相柳的东面，台是四方形的，每个角有一条蛇，它们长着老虎的花纹，头向着南方。

❻ 深目国在其东，为人举一手一目，在共工台东。

深目国在它的东面，那里的人举着一只手，只有一只眼睛，在共工台的东面。

❼ 无肠之国在深目东，其为人长而无肠。

无肠之国在深目国的东面，那里的人身材高大但没有肠。

❽ 聂耳之国在无肠国东，使两文虎，为人两手聂①其耳。县居②海水中，及水所出入奇物。两虎在其东。

注译

① 【聂】：通 "摄"，拿着，握着。
② 【县居】：县，同 "悬"。指聂耳之国孤悬海外。

聂耳国在无肠国的东面，那里的人役使着两只文虎，用手握着自己的耳朵。这个国家孤悬于海外，海中出入的各种怪物都归他们所有。两只老虎在它的东面。

❾ 夸父与日逐走，入日。渴，欲得饮，饮于河渭，河渭不足，北饮大泽，未至，道渴而死。弃其杖，化为邓林。

夸父追逐太阳，一直追到了太阳落山的地方。很渴，想要喝水，于是在黄河和渭河里喝，黄河、渭河不够喝，又想去喝北边的大泽，还没走到，在半路上就渴死了。他所扔掉的拐杖，变成了邓林。

❿ 博父①国在聂耳东，其为人大，右手操青蛇，左手操黄蛇。邓林在其东，二树木②。一曰博父。

注译

①【博父】：当作"夸父"。

②【二树木】：指邓林只有两棵树，说明树木之大。

夸父国在聂耳国的东面，那里的人身材高大，右手握着青蛇，左手握着黄蛇。邓林在它的东面，只有两棵大树。另有一说叫博父国。

⑪ 禹所积石之山在其东，河水所入。

禹所积石之山在它的东面，是河水流入的地方。

⑫ 拘缨之国在其东，一手把缨。一曰利缨之国。

拘缨国在它的东面，那里的人一只手拿着冠上的缨。另一说叫作利缨国。

⑬ 寻木长千里，在拘缨南，生河上西北。

寻木长达一千里，在拘缨国的南面，生长在黄河的西北岸。

⑭ 跂踵国在拘缨东，其为人大，两足亦大。一曰大踵。

跂踵国在拘缨国的东面，那里的人身材高大，两只脚也很大。另一说叫反踵国。

⑮ 欧丝之野在大踵东，一女子跪据树欧丝①。

注译

①【据树欧丝】：据树，依靠着树。欧，同"呕"，吐。

欧丝之野在大踵国的东面，一个女子跪靠着树在吐丝。

⑯ 三桑无枝，在欧丝东，其木长百仞，无枝。

三棵桑树没有树枝，在欧丝野的东面，这种树高达一百仞，却没有树枝。

⑰ 范林方三百里，在三桑东，洲环其下。

范林方圆三百里，在三棵桑树的东面，它的下面被沙洲环绕着。

⓲ 务隅之山，帝颛顼①葬于阳，九嫔葬于阴。一曰爰有熊、黑、文虎、离朱、鸱久、视肉。

注译

①【颛顼】：音专须。传说中的五帝之一。

务隅之山，颛顼帝葬在它的南面，九嫔葬在它的北面。另有一说认为这里有熊、黑、文虎、离朱、鸱久、视肉。

⓳ 平丘在三桑东。爰有遗玉①、青鸟、视肉、杨柳、甘柤②、甘华，百果所生。有两山夹上谷，二大丘居中，名曰平丘。

注译

①【遗玉】：玉石名。传说松枝千年化为伏苓，茯苓千年化为琥珀，琥珀千年化为遗玉。
②【甘柤】：柤，音渣。

平丘在三棵桑树的东面。这里有遗玉、青鸟、视肉、杨柳、甘柤、甘华，是百果生长的地方。有两座山相夹的山谷，有两个大丘位于其中，名叫平丘。

⓴ 北海内有兽，其状如马，名曰驹骏①。有兽焉，其名曰駮，状如白马，锯牙，食虎豹。有素兽焉，状如马，名曰蛩蛩②。有青兽焉，状如虎，名曰罗罗。

注译

①【驹骏】：驹，音逃。骏，音图。
②【蛩】：音穷。

北海内有一种野兽，形状像马，名叫驹骏。有一种野兽，它名叫駮，形状像白马，锯齿的牙，能吃老虎和豹子。又有一种素色的野兽，形状像马，名叫蛩蛩。有一种青色的野兽，形状像老虎，名叫罗罗。

㉑ 北方禺彊①，人面鸟身，珥②两青蛇，践两青蛇。

注译

①【禺彊】：字玄冥，传说中的水神。彊，音强。
②【珥】：音耳，插戴。

北方的禺彊，长着人的脸、鸟的身子，耳朵上插戴着两条青蛇，脚底下踩着两条青蛇。

山海经注译卷九

海外东经

海外自东南陬至东北陬者。

海外从东南角到东北角。

① 嗟丘①，爰有遗玉、青马、视肉、杨柳、甘柤、甘华，甘果所生，在东海。两山夹丘，上有树木。一曰嗟丘。一曰百果所在，在尧葬东。

注译

① 【嗟丘】：嗟，同嗟。

嗟丘，这里有遗玉、青马、视肉、杨柳、甘柤、甘华，是甘果生长的地方。在东海，两座山夹着这个丘，上面有树木。另一说是嗟丘。又一说是百果所在，在尧帝安葬之地的东面。

② 大人国在其北，为人大，坐而削船①。一曰在嗟丘北。

注译

① 【削船】：削，音梢。削船即划船。

大人国在它的北面，那里的人身材高大，坐着划船。另一说是在嗟丘的北面。

③ 奢比之尸在其北，兽身、人面、大耳，珥两青蛇。一曰肝榆之尸在大人北。

奢比之尸在它的北面，它长着野兽的身子、人的脸、大耳朵，耳朵上插戴着两条青蛇。另一说是肝榆之尸在大人国的北面。

④ 君子国在其北，衣冠带剑，食兽，使二大虎在旁，其人好让不争。有薰华草，朝生夕死。一曰在肝榆之尸北。

君子国在它的北面，那里的人穿衣戴冠佩带宝剑，吃野兽，役使的两只大虎在身旁，这里的人喜欢谦让而不争执。有一种薰华草，早晨开花，傍晚凋谢。另一说树在肝榆之尸的北面。

⑤ 蚕蚕①在其北，各有两首。一曰在君子国北。

注译

① 【虹虹】：虹，通"虹"。

虹虹在它的北面，各有两个头。另一说法是在君子国的北面。

❻ 朝阳之谷，神曰天吴，是为水伯。在虹虹北两水间。其为兽也，八首人面，八足八尾，皆青黄。

朝阳之谷，有神叫天吴，就是水伯。他在虹虹北面的两条水流中间。他是野兽的形态，八个头，人的脸，八只脚，八条尾巴，都是青黄色。

❼ 青丘国在其北。其狐四足九尾。一曰在朝阳北。

青丘国在它的北面。那里的狐狸有四只爪子、九条尾巴。另一说是在朝阳之谷的北面。

❽ 帝命竖亥①步，自东极至于西极，五亿十选②九千八百步。竖亥右手把算③，左手指青丘北。一曰禹令竖亥。一曰五亿十万九千八百步。

注译

① 【竖亥】：传说中擅长行走的人。
② 【选】：万。
③ 【算】：算筹，古人计算用的工具。

天帝命令竖亥步行测量大地，从最东边走到最西边，是五亿十选九千八百步。竖亥右手拿着算筹，左手指着青丘的北面。另一说是大禹命令的竖亥。一说是五亿十万九千八百步。

❾ 黑齿国在其北，为人黑①，食稻啖蛇，一赤一青，在其旁。一曰在竖亥北，为人黑首，食稻使蛇，其一蛇赤。

注译

① 【为人黑】："黑"下面当补"齿"字。

黑齿国在它的北面，那里的人牙齿是黑色的，吃稻米和蛇，一条红蛇和一条青蛇，在他们身旁。另一说是在竖亥的北面，那里的人头是黑色的，吃稻米，役使着蛇，其中一条蛇是红色的。

❿ 下有汤谷。汤谷上有扶桑，十日所浴，在黑齿北。居水中，有大木，九日居下枝，一日居上枝。

下面有汤谷。汤谷上面有扶桑，是十个太阳洗澡的地方，在黑齿国的北面。在水中间，有一棵大树，九个太阳在下面的树枝上，一个太阳在上面的树枝上。

⓫ 雨师妾在其北。其为人黑，两手各操一蛇，左耳有青蛇，右耳有赤蛇。一曰在十日北，为人黑身人面，各操一龟。

雨师妾在汤谷的北面。那里的人是黑色的，两只手各握着一条蛇，左耳上有青蛇，右耳上有红蛇。另一说是在十个太阳的北面，那里的人身子是黑色的，有人的脸，各拿一只龟。

⓬ 玄股之国在其北。其为人衣鱼食鸥①，使两鸟夹之。一曰在雨师妾北。

注译

① 【衣鱼食鸥】：衣鱼，穿着鱼皮做的衣服。鸥，"鸥"的本字，即鸥鸟。

玄股之国在它的北面。那里的人穿着鱼皮做的衣服，吃鸥鸟，两只鸟夹在他们身边。另一说是在雨师妾的北面。

⓭ 毛民之国在其北。为人身生毛。一曰在玄股北。

毛民之国在它的北面。那里的人全身长毛。另一说是在玄股国的北面。

⓮ 劳民国在其北，其为人黑。或曰教民。一曰在毛民北，为人面目手足尽黑。

劳民国在它的北面，那里的人是黑色的。也叫教民国。另一说是在毛民国的北面，那里的人脸、眼睛、手脚都是黑的。

⓯ 东方句芒①，鸟身人面，乘两龙。

注译

① 【句芒】：句，音钩。传说中的木神。

东方句芒，是鸟的身子、人的脸，乘着两条龙。

建平元年四月丙戌，待诏太常属臣望校治，侍中光禄勋臣龚、侍中奉车都尉光禄大夫臣秀领主省。①

注译

① 这段文字不是《山海经》原文，而是西汉末年刘向、刘歆父子校勘整理皇家藏书时，在本书整理完成后的署名。因而不予翻译。臣秀即刘歆，曾一度改名刘秀。

山海经注译卷十

海内南经

自此以下四篇"海内四经"，在编次上较"海外四经"更显得杂乱，缺乏条理。这两部分应当分别对应两种不同的古图。

海内东南陬以西者。

海内东南角以西的。

❶ 瓯居海中。闽在海中，其西北有山。一曰闽中山在海中。

瓯在海中。闽在海中，它的西北方有座山。另一说是闽中的山在海中。

❷ 三天子鄣①山在闽西海北。一曰在海中。

注译

①【鄣】：音张。

三天子鄣山在闽西海的北面。另一说是在海中。

❸ 桂林八树①在番隅东。

注译

①【桂林八树】：指桂林是由八棵大树组成的，强调树的大。

桂林这八棵树在番隅的东面。

❹ 伯虑国、离耳国、雕题国、北朐①国皆在郁水南。郁水出湘陵南海。一曰相虑。

注译

①【朐】：音渠。

伯虑国、离耳国、雕题国、北朐国都在郁水的南边。郁水发源自湘陵南海。另一说是相虑国。

❺ 枭阳国在北朐之西。其为人人面长唇，黑身有毛，反踵，见人笑亦笑，左手操管。

枭阳国在北朐国的西面。那里的人长着人的脸、长嘴唇，黑色的身体，长有毛，脚跟反着长，看见别人笑也跟着笑，左手拿着竹筒。

⑥ 兕在舜葬东，湘水南。其状如牛，苍黑，一角。

兕在舜帝安葬之地的东面，湘水的南岸。它的形状像牛，青黑色，一只角。

⑦ 苍梧之山，帝舜葬于阳，帝丹朱葬于阴。

苍梧之山，舜帝葬在山的南面，丹朱帝葬在山的北面。

⑧ 氾林方三百里，在狌狌东。

氾林方圆三百里，在猩猩的东面。

⑨ 狌狌知人名，其为兽如豕而人面，在舜葬西。

猩猩知道人的姓名，这种野兽的形状像猪却长着人的脸，在舜帝安葬之地的西面。

⑩ 狌狌西北有犀牛，其状如牛而黑。

猩猩的西北面有犀牛，它的形状像一般的牛而全身是黑色。

⑪ 夏后启之臣曰孟涂，是司神于巴①。人请讼于孟涂之所，其衣有血者②乃执之。是请生。居山上，在丹山西。丹山在丹阳南，丹阳居属也。

注译

① 【司神于巴】：作为巴地的神主，掌管当地的诉讼。
② 【其衣有血者】：说谎、作伪证的人衣服上会有血迹出现。

夏王启的大臣叫孟涂，作为神主掌管巴地诉讼。巴人到孟涂那里去告状，衣服上有血迹的就被抓起来。孟涂有好生之德。住在一座山上，在丹山的西面。丹山在丹阳的南面，丹阳是巴的属地。

⑫ 窫窳龙首，居弱水中，在狌狌知人名之西，其状如龙首，食人。

窫窳长着龙的头，住在弱水中，在能知道人姓名的狌狌之西，它的形状像龙的头，能吃人。

⑬ 有木，其状如牛，引之有皮，若缨、黄蛇。其叶如罗，其实如栾，其木若蓲，其名曰建木。在窫窳西弱水上。

有一种树，形状像牛，拉动它就会有落下的树皮，样子像冠上缨，又像黄蛇。它的叶子像绫罗，果实像栾树，树干像刺榆，它名叫建木。在窫窳西面的弱水边上。

⑭ 氐人国在建木西，其为人人面而鱼身，无足。

氐人国在建木的西面，那里的人长着人的脸、鱼的身子，没有脚。

⑮ 巴蛇食象，三岁而出其骨，君子服之，无心腹之疾。其为蛇青、黄、赤、黑，一曰黑蛇青首，在犀牛西。

巴蛇能吃大象，三年后才吐出它的骨头，君子吃了巴蛇，心脏或腹部就不会患病。这种蛇身上混杂有青色、黄色、红色、黑色。另一说是黑色的身子，青色的头，在犀牛的西面。

⑯ 旄马，其状如马，四节有毛。在巴蛇西北，高山南。

旄马，它的形状像马，四条腿的关节上有毛。在巴蛇的西北，高山的南面。

⑰ 匈奴、开题之国、列人之国并在西北。

匈奴国、开题之国、列人之国都在西北方。

山海经注译卷十一

海内西经

海内西南陬以北者。

海内西南角以北的。

❶ 贰负之臣曰危，危与贰负杀窫窳。帝乃梏^①之疏属之山，桎^②其右足，反缚两手与发，系之山上木。在开题西北。

注译

① 【梏】：音顾。木制的手铐，此处引申为械系、拘禁。
② 【桎】：音志。古代拘系罪犯脚部的刑具。

贰负的臣子叫危，危与贰负一起杀死了窫窳。天帝便把贰负拘禁在疏属之山，给他的右脚戴上刑具，两只手和头发绑在一起，拴在山上的大树下。在开题国的西北。

❷ 大泽方百里，群鸟所生及所解。在雁门北。

大泽方圆一百里，各种鸟在这里生育、换毛。在雁门的北面。

❸ 雁门山，雁出其间。在高柳北。

雁门山，是大雁出入的地方。在高柳的北面。

❹ 高柳在代北。

高柳在代地的北面。

❺ 后稷之葬，山水环之。在氏国^①西。

注译

① 【氏国】：即上文的氐人国。

后稷安葬之地，有山水环绕。在氐人国的西面。

❻ 流黄酆^①氏之国，中^②方三百里，有涂^③四方，中有山。在后稷葬西。

注译

① 【酆】：音风。

②【中】：指国中土地。

③【涂】：通"途"，道路。

流黄酆氏之国，方圆三百里。有道路通向四方，中间有山。在后稷安葬之地的西面。

❼ 流沙出钟山，西行又南行昆仑之虚，西南入海。黑水之山①。

注译

①【黑水之山】：此处前后当有脱文。

流沙在钟山发源，向西流再转向南流至昆仑山，再西南流入大海。黑水之山。

❽ 东胡在大泽东。

东胡在大泽的东面。

❾ 夷人在东胡东。

夷人在东胡的东面。

❿ 貊①国在汉水东北。地近于燕，灭之。

注译

①【貊】：音末。

貊国在汉水的东北。地方靠近燕国，后来被燕国灭掉了。

⓫ 孟鸟在貊国东北。其鸟文赤、黄、青，东乡①。

注译

①【乡】：通"向"。

孟鸟在貊国的东北。这种鸟的花纹有红、黄、青三种颜色，朝向东方。

⓬ 海内昆仑之虚，在西北，帝之下都。昆仑之虚，方八百里，高万仞。上有木禾，长五寻①，大五围②。面有九井，以玉为槛。面有九门，门有开明兽守之。百神之所在，在八隅之岩，赤水之际，非仁、羿莫能上冈之岩。

注译

① 【寻】：长度单位，古人以八尺为一寻。
② 【围】：两臂合拢的长度。

海内的昆仑山，在西北，是天帝在下界的都城。昆仑山，方圆八百里，高一万仞。山上有一种谷类叫木禾，高五寻，要五人合抱。山的每一面有九口井，用玉石制成围栏。山的每一面有九道门，门上有开明兽守卫。百神聚集的地方，在八方山岩，赤水的岸边，不是像仁人或是羿那样本领的人就不能攀上这些山冈岩石。

⑬ 赤水出东南隅，以行其东北，西南流注南海，厌火东。

赤水从东南角发源，流到山的东北，再转向西南流入南海，厌火国的东边。

⑭ 河水出东北隅，以行其北，西南又入渤海，又出海外，即西而北，入禹所导积石山。

河水从东北角发源，流到山的北面，再转向西南流入渤海，又流出海外，就此从西往北流，流入大禹疏导过的积石山。

⑮ 洋①水、黑水出西北隅，以东，东行，又东北，南入海，羽民南。

注译

① 【洋】：音祥。

洋水、黑水从西北角发源，转向东，朝东流，再转向东北，向南流入大海，到了羽民国的南面。

⑯ 弱水、青水出西南隅，以东，又北，又西南，过毕方鸟东。

弱水、青水从西南角发源，转向东，再转向北流，再转向西南，流过毕方鸟的东面。

⑰ 昆仑南渊深三百仞。开明兽身大类虎而九首，皆人面，东向立昆仑上。

昆仑山南边的渊深达三百仞。开明兽身体大小如同老虎，有九个脑袋，都是人的脸，面朝东站在昆仑山上。

18 开明西有凤皇、鸾鸟，皆戴蛇践蛇，膺有赤蛇。

开明兽的西面有凤皇、鸾鸟，都戴着蛇，踩着蛇，胸前有红色的蛇。

19 开明北有视肉、珠树、文玉树①、玗琪树②、不死树，凤皇、鸾鸟皆戴蔽③，又有离朱、木禾、柏树、甘水、圣木④、曼兑。一曰挺木牙交。

注译

① 【文玉树】：五彩玉树。
② 【玗琪树】：玗琪，一种红玉。玗，音余。
③ 【蔽】：音罚。盾牌。
④ 【圣木】：吃了这种树可以使人圣智。

开明兽的北面有视肉、珠树、文玉树、玗琪树、不死树，凤皇、鸾鸟都戴着盾牌，还有离朱、木禾、柏树、甘水、圣木、曼兑。另一说是挺木牙交。

20 开明东有巫彭、巫抵、巫阳、巫履、巫凡、巫相，夹窫窳之尸，皆操不死之药以距之。窫窳者，蛇身人面，贰负臣所杀也。

开明兽的东面有巫彭、巫抵、巫阳、巫履、巫凡、巫相，围着窫窳的尸体，都拿着不死药来救他复活。这个窫窳，是蛇的身子、人的脸，被贰负的臣子杀死。

21 服常树，其上有三头人，伺琅玗树。

服常树，它上面有长着三颗头的人，伺察着琅玗树。

22 开明南有树鸟，六首。蛟、蝮、蛇、蜼、豹，鸟秩树，于表池树木，诵鸟、鶽①、视肉。

注译

① 【鶽】：音损，同隼。

开明兽的南面有树鸟，长着六个头。还有蛟、蝮、蛇、蜼、豹子、鸟秩树，环绕在水池四周，还有诵鸟、鶽、视肉。

山海经注译卷十二

海内北经

海内西北陬以东者。

海内西北角以东的。

① 蛇巫之山，上有人操杯①而东向立。一曰龟山。

注译

① 【杯】：即"桮"，音棒，大棒。

蛇巫之山，上面有人拿着大棒向东站着。另一说是龟山。

② 西王母梯①几而戴胜杖②。其南有三青鸟，为西王母取食。在昆仑虚北。

注译

① 【梯】：倚着，凭靠。
② 【戴胜杖】："杖"字衍。

西王母倚靠着几案，头戴玉胜。在她的南面有三只青鸟，负责为西王母取食物。在昆仑山的北面。

③ 有人曰大行伯，把戈。其东有犬封国。贰负之尸在大行伯东。

有人叫大行伯，手里拿着戈。在他的东面有犬封国。贰负之尸在大行伯的东面。

④ 犬封国曰犬戎国，状如犬。有一女子，方跪进杯①食。有文马，缟②身朱鬣，目若黄金，名曰吉量，乘之寿千岁。

注译

① 【杯】：同杯。
② 【缟】：白色。

犬封国也叫犬戎国，那里的人外形像狗。有一个女子，正跪在地上进献酒食。有文马，白色的身子，红色的鬃毛，眼睛像黄金，名叫吉量，骑上它可以活一千岁。

⑤ 鬼国在贰负之尸北，为物人面而一目。一曰贰负神在其东，为物人面蛇身。

鬼国在贰负之尸的北面，那里的怪物长着人的脸，只有一只眼睛。另一说贰负神在鬼国的东面，怪物长着人的脸、蛇的身子。

6 蜪①犬如犬，青，食人从首始。

注译

① 【蜪】：音桃。

蜪犬像狗，青色，吃人时从头开始。

7 穷奇状如虎，有翼，食人从首始。所食被发。在蜪犬北。一曰从足。

穷奇的形状像老虎，有翅膀，吃人时从头开始。被吃的人披散着头发。在蜪犬的北面。另一说穷奇吃人是从脚开始。

8 帝尧台、帝喾台、帝丹朱台、帝舜台，各二台，台四方，在昆仑东北。

帝尧台、帝喾台、帝丹朱台、帝舜台，各有两座，台都是四方形，在昆仑山东北。

9 大蜂，其状如螽①。朱蛾，其状如蛾②。

注译

① 【螽】：音终。
② 【蛾】：指蚍蜉。

大蜂，它的形状像螽。朱蛾，它的形状像蚍蜉。

10 蟜①，其为人虎文，胫有䏿。在穷奇东。一曰状如人，昆仑虚北所有。

注译

① 【蟜】：音角。

蟜，这种人有着老虎的花纹，腿上有小腿肚。在穷奇的东面。另一说法认为它的形状像人，昆仑山北面所有。

11 阘①非，人面而兽身，青色。

注译

① 【阘】：音踏。

阘非，长着人的脸、兽的身子，青色。

⑫ 据比之尸，其为人折颈被发，无一手。

据比之尸，样子是折断了脖子，披散着头发，没了一只手。

⑬ 环狗，其为人兽首人身。一曰猬状如狗，黄色。

环狗，这种人长着兽的头、人的身子。另一说是刺猬的样子，又像狗，黄色。

⑭ 袜①，其为物人身、黑首、从目②。

注译

① 【袜】：即魅。
② 【从目】：从，通"纵"。

袜，这种怪物长着人的身子、黑色的头、竖着的眼睛。

⑮ 戎，其为人人首三角。

戎，这种人长着人的头，有三个角。

⑯ 林氏国有珍兽，大若虎，五采毕具，尾长于身，名曰驺①吾，乘之日行千里。

注译

① 【驺】：音邹。

林氏国有一种珍奇的野兽，大小像老虎，身上五彩齐备，尾巴比身子长，名叫驺吾，骑上它可以日行千里。

⑰ 昆仑虚南所，有氾林方三百里。

昆仑山的南面，有氾林，方圆三百里。

⑱ 从极之渊，深三百仞，维冰夷恒都焉。冰夷人面，乘两龙。一曰忠极之渊。

从极之渊，深达三百仞，只有冰夷能常住在这里。冰夷长着人的脸，乘着两条龙。另一说是忠极之渊。

⑲ 阳汙之山，河出其中。凌门之山，河出其中。

阳汙之山，河水从这里发源。凌门之山，河水从这里发源。

⑳ 王子夜之尸，两手、两股、胸、首、齿，皆断异处。

王子夜的尸体，两只手、两条腿、胸部、头、牙齿，都被斩断分散在不同地方。

㉑ 舜妻登比氏生宵明、烛光，处河大泽，二女之灵能照此所方百里。一曰登北氏。

舜的妻子登比氏生了宵明、烛光，住在河边的大泽中，这两位女子的灵光能照亮这里方圆百里的地方。另一说是登北氏。

㉒ 盖国在钜燕南，倭北。倭属燕。

盖国在钜燕国的南面，倭国的北面。倭国属于燕国。

㉓ 朝鲜在列阳东，海北山南。列阳属燕。

朝鲜在列阳的东面，海的北面，山的南面。列阳属于燕国。

㉔ 列姑射在海河州中。

列姑射在海的河州上。

㉕ 射姑国在海中，属列姑射。西南，山环之。

姑射国在海中，属于列姑射。它的西南部，有山环绕着它。

㉖ 大蟹①在海中。

注译

① 【大蟹】：长达一千里的螃蟹。

大蟹生活在海里。

27 陵鱼人面，手足，鱼身，在海中。

陵鱼长着人的脸，有手脚，鱼的身子，生活在海里。

28 大鯾①居海中。

注译

① 【鯾】：同"鳊"。鲂鱼。

大鯾生活在海里。

29 明组邑居海中。

明组邑生活在海中。

30 蓬莱山①在海中。

注译

① 【蓬莱山】：传说中的仙山，山上有黄金玉石建造的仙人宫室，山中的鸟兽都是白色的，远望像是白云一般。

蓬莱山屹立在海中。

31 大人之市在海中。

大人之市在海里。

山海经注译卷十三

海内东经

海内东北陬以南者。

海内东北角以南的。

1 钜燕在东北陬。

钜燕在东北角。

2 国在流沙中者，埻①端、玺映②，在昆仑虚东南。一曰海内之郡，不为郡县在流沙中。

注译

① 【埻】：音蹲。
② 【映】：音换。

在流沙中的国家有埻端国、玺映国，都在昆仑山的东南面。另一说在海内建置的郡，不在流沙中设置郡县。

3 国在流沙外者，大夏、竖沙、居繇、月支之国。

在流沙以外的国家，有大夏国、竖沙国、居繇国、月支国。

4 西胡白玉山在大夏东，苍梧在白玉山西南，皆在流沙西，昆仑虚东南。昆仑山在西胡西。皆在西北。

西胡白玉山在大夏的东面，苍梧在白玉山的西南，都在流沙的西面，昆仑山的东南。昆仑山在西胡的西面。它们都在西北方。

5 雷泽中有雷神，龙身而人头，鼓其腹。在吴西。

雷泽中有雷神，龙的身子，人的头，在敲打它的肚子。在吴地的西面。

6 都州在海中。一曰郁州。

都州在海里。另一说是郁州。

7 琅邪台在渤海间，琅邪之东。其北有山。一曰在海间。

琅邪台在渤海海岸间，琅邪的东面。它的北面有山。另一说在海中。

⑧ 韩雁在海中，都州南。

韩雁在海中，都州的南面。

⑨ 始鸠在海中，辕厉南。

始鸠在海中，辕厉的南面。

⑩ 会稽山在大楚南。

会稽山在大楚的南面。

岷三江，首大江出汶山，北江出曼山，南江出高山。高山在城都西。入海，在长州南。浙江出三天子都，在其东，在闽西北，入海，馀暨南。庐江出三天子都，入江，彭泽西。一曰天子鄣。淮水出馀山，馀山在朝阳东，义乡西。入海，淮浦北。湘水出舜葬东南陬，西环之。入洞庭下。一曰东南西泽。汉水出鲋鱼之山，帝颛顼葬于阳，九嫔葬于阴，四蛇卫之。濛水出汉阳西，入江，聂阳西。温水出崆峒，崆峒山在临汾南，入河，华阳北。颍水出少室，少室山在雍氏南，入淮西鄢北。一曰缑氏。汝水出天息山，在梁勉乡西南，入淮极西北。一曰淮在期思北。泾水出长城北山，山在郁郅长垣北，北入渭，戏北。渭水出鸟鼠同穴山，东注河，入华阴北。白水出蜀，而东南注江，入江州城下。沅水山出象郡镡城西，入东注江，入下隽西，合洞庭中。赣水出聂都东山，东北注江，入彭泽西。泗水出鲁东北，而南，西南过湖陵西，而东南，注东海，入淮阴北。郁水出象郡，而西南注南海，入须陵东南。肄水出临晋西南，而东南注海，入番禺西。潢水出桂阳西北山，东南注肄水，入敦浦西。洛水出洛西山，东北注河，入成皋之西。汾水出上窳北，而西南注河，入皮氏南。沁水出井陉山东，东南注河，入怀东南。济水出共山南东丘，绝钜鹿泽，注渤海，入齐琅槐东北。潦水出卫皋东，东南注渤海，入潦阳。虖沱水出晋阳城南，而西至阳曲北，而东注渤海，入越，章武北。漳水出山阳东，东注渤海，入章武南。[①]

注译

① 此一大段文字并非《海内东经》的原文，乃是窜入的其他书中的内容，可能是一篇秦代的河道地

理记录，可参看周振鹤先生的《被忽视了的秦代<水经>——略论<山海经·海内东经·附篇>的写作年代》一文。因为其并非《海内东经》的原文，因而不予注译，仅保留原文，以存旧貌。

建平元年四月丙戌，待诏太常属臣望校治，侍中光禄勋臣龚、侍中奉车都尉光禄大夫臣秀领主省。

山海经注译卷十四

大荒东经

自此以下五篇，"大荒经"四篇，《海内经》一篇，均是郭璞作注时添入的。《山经》与海外四经、海内四经皆以南、西、北、东为序，而大荒四经则以东、南、西、北为序，可见二者确有着不同的来源。相比而言，大荒四经较海外四经和海内四经更为杂乱无序，而《海内经》一篇更是毫无次序可言，像是一些残损的记载拼凑而成的。这五篇中有不少似通不通、难以索解的文字，遇到这些实在难以解释的地方，只好略去不译，径书原文。

① 东海之外大壑，少昊之国。少昊孺①帝颛顼于此，弃其琴瑟。有甘山者，甘水出焉，生甘渊。

注译

①【孺】：这里是抚育、养育的意思。

东海之外有一个大沟壑，是少昊之国。少昊抚养颛顼帝的地方就在这里，沟壑里还有遗弃的琴瑟。有一座甘山，甘水从这里发源，汇流成甘渊。

② 大荒东南隅有山，名皮母地丘。

大荒的东南角有座山，名叫皮母地丘。

③ 东海之外，大荒之中，有山名曰大言，日月所出。有波谷山者，有大人之国。

东海之外，大荒之中，有座山名叫大言，是太阳和月亮升起的地方。有座波谷山，山里有大人国。

④ 有大人之市，名曰大人之堂①。有一大人踆②其上，张其两耳。

注译

①【大人之堂】：山名，因为山的形状像一座堂屋，故名。
②【踆】：蹲。

有大人的集市，名叫大人之堂。有一个大人蹲在上面，张着他的两只耳朵。

⑤ 有小人国，名靖人。

有小人国，名叫靖人。

6 有神，人面兽身，名曰梨魋①之尸。

注译

①【魋】：音零。

有一个神，人的脸，野兽的身子，名叫梨魋之尸。

7 有滴①山，杨水出焉。

注译

①【滴】：音玉。

有滴山，杨水从这里发源。

8 有芮①国，黍食，使四鸟②：虎、豹、熊、罴。

注译

①【芮】：音伪。
②【鸟】：对鸟兽的统称，后文多有此例。

有芮国，那里的人以黍米为食物，役使四种野兽：虎、豹、熊、罴。

9 大荒之中，有山名曰合虚，日月所出。

大荒当中，有座山名叫合虚，是太阳和月亮升起的地方。

10 有中容之国。帝俊生中容，中容人食兽、木实，使四鸟：豹、虎、熊、罴。

有中容国。帝俊生了中容，中容国的人吃野兽、树上的果实，役使四种野兽：豹、虎、熊、罴。

11 有东口之山。有君子之国，其人衣冠带剑。

有东口之山。有君子国，那里的人穿衣戴冠并佩带宝剑。

12 有司幽之国。帝俊生晏龙，晏龙生司幽，司幽生思士，不妻；思女，不夫。食黍，食兽，是使四鸟。

有司幽国。帝俊生了晏龙，晏龙生了司幽，司幽生了思士，思士不娶妻；司幽生了思女，思女不出嫁。这里的人吃黍米，吃兽类，役使四种野兽。

⑬ 有大阿之山者。

有大阿之山。

⑭ 大荒中有山，名曰明星，日月所出。

大荒之中有一座山，名叫明星，是太阳和月亮升起的地方。

⑮ 有白民之国。帝俊生帝鸿，帝鸿生白民，白民销姓，黍食，使四鸟：虎、豹、熊、罴。

有白民国。帝俊生了帝鸿，帝鸿生了白民，白民国的人姓销，以黍米为食物，役使四种野兽：虎、豹、熊、罴。

⑯ 有青丘之国。有狐，九尾。

有青丘国。有一种狐狸，长着九条尾巴。

⑰ 有柔仆民，是维嬴土①之国。

①【嬴土】：肥沃的土地。

有柔仆民，他们那里土地肥沃。

⑱ 有黑齿之国。帝俊生黑齿，姜姓，黍食，使四鸟。

有黑齿国。帝俊生黑齿，姓姜，以黍米为食物，役使四种野兽。

⑲ 有夏州之国。有盖余之国。

有夏州国。有盖余国。

⑳ 有神人，八首人面，虎身十尾，名曰天吴。

有位神人，长着八个头、人的脸、老虎的身子，有十条尾巴，名叫天吴。

㉑ 大荒之中，有山名曰鞠陵于天、东极、离瞀①，日月所出。名曰折丹②，东方曰折，来风曰俊，处东极以出入风。

注译

① 【瞀】：音茂。上面的鞠陵于天、东极、离瞀均是山名。
② 【折丹】：神人的名字。

在大荒之中，有山分别名叫鞠陵于天、东极、离瞀，是太阳和月亮升起的地方。神人名叫折丹，东方的叫折，吹来的风叫俊，位于东极，主管风的出入。

㉒ 东海之渚①中，有神，人面鸟身，珥两黄蛇，践两黄蛇，名曰禺貌②。黄帝生禺貌，禺貌生禺京。禺京处北海，禺貌处东海，是惟海神。

注译

① 【渚】：海岛。
② 【貌】：音号。

在东海的岛上，有神，人的脸，鸟的身子，耳朵上穿戴着两条黄蛇，踩着两条黄蛇，名叫禺貌。黄帝生禺貌，禺貌生禺京。禺京住在北海，禺貌住在东海，是海神。

㉓ 有招摇山，融水出焉。有国曰玄股，黍食，使四鸟。

有招摇山，融水从这里发源。有一个国家叫玄股国，以黍米为食物，役使四种野兽。

㉔ 有困民国，勾姓而食①。有人曰王亥②，两手操鸟，方食其头。王亥托于有易、河伯仆牛③。有易杀王亥，取仆牛。河伯念有易，有易潜出，为国于兽，方食之，名曰摇民。帝舜生戏，戏生摇民。

注译

① 【勾姓而食】："而食"之上当有阙文，袁珂以为"而"乃"黍"字之讹。
② 【王亥】：商代先王，商汤的七世祖，又名振。
③ 【仆牛】：驯养的牛。

有困民国，姓勾，以黍米为食物。有个人叫王亥，他两手抓着一只鸟，正在吃鸟头。

王亥把他养的牛寄放在有易、河伯那里。有易杀了王亥，牵走了他的牛。河伯同情有易，便帮助有易潜逃出来，在野兽出没的地方建立国家，正在吃野兽，名叫摇民。舜帝生戏，戏生摇民。

㉕ 海内有两人，名曰女丑。女丑有大蟹。

海内有两个人，其中的一个名叫女丑。女丑有一只大蟹。

㉖ 大荒之中，有山名曰孽摇頵羝①。上有扶木②，柱三百里，其叶如芥。有谷曰温源谷③。汤谷上有扶木，一日方至，一日方出，皆载于乌。

注译

① 【頵羝】：頵，音晕。羝，音低。
② 【扶木】：即扶桑树。
③ 【温源谷】：即汤谷。

在大荒之中，有座山名叫孽摇頵羝。山上有扶木，高三百里，叶子像芥菜。有一道山谷叫温源谷。汤谷上长有扶桑树，一个太阳刚回来，另一个太阳就准备出去，都负载在乌鸦的背上。

㉗ 有神，人面、犬耳、兽身，珥两青蛇，名曰奢比尸。

有位神，长着人的脸、狗的耳朵、野兽的身子，耳朵上穿戴着两条青蛇，名叫奢比尸。

㉘ 有五采之鸟，相乡弃沙①。惟帝俊下友。帝下两坛，采鸟是司。

注译

① 【相乡弃沙】：乡，通"向"。弃沙：不详何意。袁珂以为树"婆娑"二字的讹误，姑且以此来翻译。

有五彩的鸟，相向起舞，只有帝俊下来和它们交友。帝俊在下界的两座坛，由五彩鸟掌管着。

㉙ 大荒之中，有山名曰猗天苏门，日月所生。有壎①民之国。

注译

① 【壎】：音熏。

在大荒之中，有山名叫猗天苏门，是太阳和月亮升起的地方。有壎民国。

30 有綦①山。又有摇山。有䲽②山。又有门户山。又有盛山。又有待山。有五采之鸟。

注译

① 【綦】：音奇。
② 【䲽】：音憎。

有綦山。又有摇山。有䲽山。又有门户山。又有盛山。又有待山。有五彩鸟。

31 东荒之中，有山名曰壑明俊疾，日月所出。有中容之国。

东荒之中，有座山名叫壑明俊疾，是太阳和月亮升起的地方。有中容国。

32 东北海外，又有三青马、三骓①、甘华。爰有遗玉、三青鸟、三骓、视肉、甘华、甘柤。百谷所在。

注译

① 【骓】：马的毛色青白间杂为骓。

在东北海外，又有三青马、三骓、甘华。这里有遗玉、三青鸟、三骓、视肉、甘华、甘柤。是各种谷类生长的地方。

33 有女和月母之国。有人名曰鹓①，北方曰鹓，来之风曰狻②，是处东极隅以止日月，使无相间出没，司其③短长。

注译

① 【鹓】：音晚。
② 【狻】：音演。
③ 【其】：指日月运行的时间。

有国家叫女和月母国。有人名叫鹓，北方叫鹓，从那里吹来的风叫狻，位于大地最东边以便控制太阳和月亮，使它们不要无序出没，控制它们运行的时间。

34 大荒东北隅中，有山名曰凶犁土丘。应龙①处南极，杀蚩尤与夸父，不得复上，故下数旱。旱而为应龙之状，乃得大雨。

注译

① 【应龙】：一种有翅膀的龙。

在大荒的东北角上，有山名叫凶犁土丘。应龙住在山的最南边，因杀了蚩尤和夸父，不能再回到天上，因此下界经常有旱灾。一有旱灾人们就装扮成应龙的样子，就能得到大雨。

35 东海中有流波山，入海七千里。其上有兽，状如牛，苍身而无角，一足，出入水则必风雨，其光如日月，其声如雷，其名曰夔①。黄帝得之，以其皮为鼓，橛以雷兽之骨，声闻五百里，以威天下。

注译

① 【夔】：音葵。

东海中有座流波山，在入海七千里的地方。山上有一种野兽，形状像牛，青色的身子，没有角，只有一只脚，出入海水时必定有风雨相伴，它的光如同太阳和月亮，它的声音如同雷响，它名叫夔。黄帝得到它，便用它的皮做鼓，再拿雷兽的骨头敲打这鼓，响声能传到五百里以外，以此威震天下。

山海经注译卷十五

大荒南经

1 南海之外，赤水之西，流沙之东，有兽，左右有首，名曰跊①踢。有三青兽相并，名曰双双。

注译

① 【跊】：音触。

南海之外，赤水的西岸，流沙的东面，有一种野兽，左右两边各有一个头，名叫跊踢。有三只青兽连体并合在一起，名叫双双。

2 有阿山者。南海之中，有汜天之山，赤水穷焉。赤水之东，有苍梧之野，舜与叔均之所葬也。爰有文贝①、离俞②、鸱久、鹰、贾③、委维④、熊、罴、象、虎、豹、狼、视肉。

注译

① 【文贝】：即紫贝。
② 【离俞】：即前文的离朱。
③ 【贾】：鸟名，属鹰类。
④ 【委维】：即前文的委蛇。

有阿山。南海之中，有一座汜天山，赤水最终流到这里。赤水的东岸，有一个叫苍梧之野的地方，是舜帝与叔均安葬的地方。这里有文贝、离俞、鸱久、鹰、贾、委维、熊、罴、象、虎、豹、狼、视肉。

3 有荣山，荣水出焉。黑水之南，有玄蛇，食麈。

有荣山，荣水从这里发源。在黑水的南岸，有玄蛇，吃麈鹿。

4 有巫山者，西有黄鸟，帝药八斋①。黄鸟于巫山，司此玄蛇。

注译

① 【帝药八斋】：帝药，天帝的神仙药。斋，屋舍。

有巫山，西面有黄鸟，天帝的神仙药，放在八个斋舍中。黄鸟在巫山上，监视着玄蛇。

5 大荒之中，有不庭之山，荣水穷焉。有人三身。帝俊妻娥皇，生此三身之国。姚姓，黍食，使四鸟。有渊四方，四隅皆达，北属黑水，南属大荒。北旁

名曰少和之渊，南旁名曰从渊，舜之所浴也。

大荒之中，有不庭之山，荣水最终流到这里。这里有人长着三个身体。帝俊的妻子娥皇，生了这三身国的人。他们姓姚，以黍米作为食物，役使四种野兽。有一个四方形的渊潭，四个角都能连通，北边连通黑水，南边连通大荒。北边的名叫少和之渊，南边的名叫从渊，是舜帝沐浴的地方。

❻ 又有成山，甘水穷焉。有季禺之国，颛顼之子，食黍。有羽民之国，其民皆生毛羽。有卵民之国，其民皆生卵。

又有成山，甘水最终流到这里。有季禺国，是颛顼的后代，以黍米作为食物。有羽民国，这里的人都长着羽毛。有卵民国，这里的人都是卵生的。

❼ 大荒之中，有不姜之山，黑水穷焉。又有贾山，汽①水出焉。又有言山。又有登备之山。有恝恝②之山。又有蒲山，澧水出焉。又有隗山，其西有丹，其东有玉。又南有山，漂水出焉。有尾山。有翠山。

注译

①【汽】：音气。
②【恝】：音契。

在大荒之中，有不姜之山，黑水最终流到这里。又有贾山，汽水从这里发源。又有言山。又有登备之山。有恝恝之山。又有蒲山，澧水从这里发源。又有隗山，它的西面有丹，它的东面有玉石。又南边有座山，漂水从这里发源。有尾山。有翠山。

❽ 有盈民之国，於姓，黍食。又有人方食木叶。

有盈民国，那里的人姓於，以黍米为食物。又有人正在吃树叶。

❾ 有不死之国，阿姓，甘木①是食。

注译

①【甘木】：即不死树。

有不死国，那里的人姓阿，以甘木为食。

⑩ 大荒之中，有山名曰去痓①。南极果，北不成，去痓果②。

注译

① 【痓】：音赤。
② 【南极果，北不成，去痓果】：此三句意义不详，有人怀疑是当时巫师们的咒语。

　　大荒之中，有座山名叫去痓。南极果，北不成，去痓果。

⑪ 南海渚中，有神，人面，珥两青蛇，践两赤蛇，曰不廷胡余。有神名曰因因乎，南方曰因乎，夸风①曰乎民，处南极以出入风。

注译

① 【夸风】：疑当作"来风"。

　　南海的岛上，有神，长着人的脸，耳朵上穿戴着两条青蛇，践踏着两条红蛇，叫不廷胡余。有神名叫因因乎，南方叫因乎，吹来的风叫乎民，住在南极掌管风的起停。

⑫ 有襄山。又有重阴之山。有人食兽，曰季厘。帝俊生季厘，故曰季厘之国。有缗渊。少昊生倍伐，倍伐降处缗渊。有水四方，名曰俊坛。

　　有襄山。又有重阴之山。有人吃野兽，叫季厘。帝俊生季厘，所以叫季厘国。有一缗渊。少昊生倍伐，倍伐被贬到缗渊。有一个水池是四方的，名叫俊坛。

⑬ 有载民之国。帝舜生无淫，降载处，是谓巫载民。巫载民盼姓，食谷，不绩不经①，服也；不稼不穑，食也。爰有歌舞之鸟，鸾鸟自歌，凤鸟自舞。爰有百兽，相群爰处。百谷所聚。

注译

① 【不绩不经】：指不纺织而能有布。

　　有个载民国。帝舜生无淫，无淫被贬到载这个地方，成了巫载民。巫载民姓盼，吃五谷，不纺织，却有衣服穿；不耕种，却有粮食吃。这里有能歌善舞的鸟，鸾鸟自在地歌唱，凤鸟自在地舞蹈。这里又有各种野兽，群居相处。各种谷物在这里汇聚。

⑭ 大荒之中，有山名曰融天，海水南入焉。

大荒之中，有座山叫作融天，海水从南面流入。

⑮ 有人曰凿齿，羿杀之。

有个人叫凿齿，羿杀了他。

⑯ 有蜮①山者，有蜮民之国，桑姓，食黍，射蜮是食。有人方扞②弓射黄蛇，名曰蜮人。

注译

① 【蜮】：音玉，即短狐。
② 【扞】：音迁。拉，引。

有蜮山，这里有蜮民国，这里的人姓桑，以黍米为食物，也射猎蜮来吃。有人正在拉弓射黄蛇，名叫蜮人。

⑰ 有宋山者，有赤蛇，名曰育蛇。有木生山上，名曰枫木。枫木，蚩尤所弃其桎梏，是为枫木。有人方齿虎尾，名曰祖状之尸。

有座宋山，山中有红蛇，名叫育蛇。山上有一种树，名叫枫木。枫木，是蚩尤所遗弃的刑具，化为了枫木。有人正在咬老虎的尾巴，名叫祖状之尸。

⑱ 有小人，名曰焦侥之国，几姓，嘉谷是食。

有小人的国家，名叫焦侥国，那里的人姓几，以嘉谷为食物。

⑲ 大荒之中，有山名歼①涂之山，青水穷焉。有云雨之山，有木名曰栾。禹攻云雨，有赤石焉生栾，黄本，赤枝，青叶，群帝焉取药。

注译

① 【歼】：音柝。

大荒之中，有座山名叫歼涂之山，青水最终流到这里。有云雨之山，山上有树名叫栾。大禹砍伐云雨之山的树木，有红色的岩石，岩石上生出栾树，黄色的根，红色的枝，青色的叶，诸帝就到这里来采药。

❷⓿ 有国曰^①，颛顼生伯服，食黍。有鼬姓之国。有苕山。又有宗山。又有姓山。又有壑山。又有陈州山。又有东州山。又有白水山，白水出焉，而生白渊，昆吾之师所浴也。

注译

① 【有国曰】：此下脱漏国名。

有个国家，颛顼生伯服，以黍米为食物。有鼬姓之国。有苕山。又有宗山。又有姓山。又有壑山。又有陈州山。又有东州山。还有白水山，白水从这里发源，汇流成白渊，是昆吾之师沐浴的地方。

❷① 有人曰张弘，在海上捕鱼。海中有张宏之国，食鱼，使四鸟。

有人叫作张弘，在海上捕鱼。海里有个张宏国，这里的人以鱼为食物，役使四种兽。

❷② 有人焉，鸟喙，有翼，方捕鱼于海。

有一个人，长着鸟的嘴，有翅膀，正在海上捕鱼。

❷③ 大荒之中，有人名曰驩头。鲧妻士敬，士敬子曰炎融，生驩头。驩头人面鸟喙，有翼，食海中鱼，杖翼而行^①。维宜芑、苣、穋^②、杨是食。有驩头之国。

注译

① 【杖翼而行】：虽有翅膀，但不能飞，只能当作拐杖来用。
② 【芑、苣、穋】：芑，音起，谷物名。苣，音巨，菜名。穋，音录，谷物名。

大荒之中，有人名叫驩头。鲧的妻子是士敬，士敬的儿子叫炎融，炎融生驩头。驩头长着人的脸，鸟的嘴，有翅膀，吃海中的鱼，拿翅膀当拐杖来行走。常拿芑、苣、穋、杨当成食物来吃。于是有驩头国。

❷④ 帝尧、帝喾、帝舜葬于岳山。爰有文贝、离俞、鸱久、鹰、延维、视肉、熊、罴、虎、豹；朱木，赤枝、青华、玄实。有申山者。

帝尧、帝喾、帝舜都安葬在岳山。这里有文贝、离俞、鸱久、鹰、延维、视肉、熊、罴、虎、豹；朱木，红色的枝、青色的花、黑色的果。有座申山。

㉕ 大荒之中，有山名曰天台高山，海水入焉。

大荒之中，有座山名叫天台高山，有海水流进。

㉖ 东南海之外，甘水之间，有羲和之国。有女子名曰羲和，方日浴于甘渊。羲和者，帝俊之妻，生十日。

在东南海之外，甘水之间，有个羲和国。有个女子名叫羲和，正在甘渊中给太阳洗澡。羲和是帝俊的妻子，生了十个太阳。

㉗ 有盖犹之山者，其上有甘柤，枝干皆赤，黄叶，白华，黑实。东又有甘华，枝干皆赤，黄叶。有青马。有赤马，名曰三骓。有视肉。

有盖犹之山，山上生长有甘柤，枝干都是红的，黄色的叶子，白色的花，黑色的果。东边又有甘华，枝干都是红色的，黄色的叶子。有青色马。有红色的马，名叫三骓。有视肉。

㉘ 有小人，名曰菌人。

有种十分矮小的人，名叫菌人。

㉙ 有南类之山。爰有遗玉、青马、三骓、视肉、甘华。百谷所在。

有南类之山。这里有遗玉、青马、三骓、视肉、甘华。百谷生长在这里。

山海经注译卷十六

大荒西经

❶ 西北海之外，大荒之隅，有山而不合，名曰不周山，有两黄兽守之。有水曰寒暑之水。水西有湿山，水东有幕山。有禹攻共工国山。

在西北海之外，大荒的角落里，有座山断裂合不拢，名叫不周山，有两头黄兽看守着它。有条水流名叫寒暑之水。水的西面有湿山，水的东面有幕山。有一座禹攻共工国山。

❷ 有国名曰淑士，颛顼之子。有神十人，名曰女娲之肠，化为神，处栗广之野，横道而处。有人名曰石夷，来风曰韦，处西北隅以司日月之长短。有五采之鸟，有冠，名曰狂鸟。有大泽之长山。有白民之国。

有个国家名叫淑士，这里的人是颛顼的后代。有十个神人，名叫女娲之肠，是女娲的肠子化为的神，在栗广之野，他们紧挨着道路而住。有人名叫石夷，吹来的风叫韦，他处在大地的西北角掌管太阳和月亮运行时间的长短。有一种五彩的鸟，头上有冠，名叫狂鸟。有大泽的长山。有个白民国。

❸ 西北海之外，赤水之东，有长胫之国。有西周之国，姬姓，食谷。有人方耕，名曰叔均。帝俊生后稷，稷降以百谷。稷之弟曰台玺，生叔均。叔均是代其父及稷播百谷，始作耕。有赤国妻氏。有双山。

在西北海以外，赤水的东岸，有长胫国。有西周国，这里的人姓姬，以谷物为食。有人正在耕田，名叫叔均。帝俊生后稷，稷从天上带下百谷。后稷的弟弟叫台玺，台玺生叔均。叔均代替他父亲和后稷播种百谷，开始耕田。有赤国妻氏。有双山。

❹ 西海之外，大荒之中，有方山者，上有青树，名曰柜格之松，日月所出入也。

西海之外，大荒之中，有方山，山上有青树，名叫柜格之松，是太阳和月亮出入的地方。

❺ 西北海之外，赤水之西，有先民之国，食谷，使四鸟。有北狄之国。黄帝之孙曰始均，始均生北狄。有芒山。有桂山。有榣山，其上有人，号曰太子长琴。颛顼生老童，老童生祝融，祝融生太子长琴，是处榣山，始作乐风。有五采鸟三名：一曰皇鸟，一曰鸾鸟，一曰凤鸟。有虫①状如菟，胸以后者裸不见，青如猨状。

注译

① 【虫】：古人将动物与人统称为虫，鸟类称为羽虫，兽类称为毛虫，龟类称为甲虫，鱼类称为鳞虫，人类称为裸虫。这里应当是指兽类。

西北海之外，赤水的西岸，有先民国，以谷物为食，役使四种野兽。有北狄国。黄帝的孙子叫始均，始均生北狄。有芒山。有桂山。有榣山，山上有个人，号太子长琴。颛顼生老童，老童生祝融，祝融生太子长琴，住在榣山上，发明了乐风行。有五彩鸟，有三种名字：一叫凰鸟，一叫鸾鸟，一叫凤鸟。有一种兽的形状像兔子，胸裸露的部分看不见，身体像猿一样是青色的。

⑥ 大荒之中，有山名曰丰沮玉门，日月所入。有灵山，巫咸、巫即、巫盼、巫彭、巫姑、巫真、巫礼、巫抵、巫谢、巫罗十巫，从此升降，百药爱在。

大荒之中，有座山名叫丰沮玉门，是太阳和月亮落下的地方。有灵山，巫咸、巫即、巫盼、巫彭、巫姑、巫真、巫礼、巫抵、巫谢、巫罗这十个巫师，在这里升到天上或下到世间，各种的药物都生长在这里。

⑦ 西有王母之山、壑山、海山。有沃之国，沃民是处。沃之野，凤鸟之卵是食，甘露是饮。凡其所欲，其味尽存。爱有甘华、甘柤、白柳、视肉、三雅、璇瑰①、瑶碧、白木、琅玕、白丹、青丹，多银、铁。鸾凤自歌，凤鸟自舞，爱有百兽，相群是处，是谓沃之野。有三青鸟，赤首黑目，一名曰大鵹②，一名少鵹，一名曰青鸟。有轩辕之台，射者不敢西向射，畏轩辕之台。

注译

① 【璇瑰】：玉名。
② 【鵹】：音离。

西边有王母山、壑山、海山。有沃之国，沃民居住在这里。沃野中凤鸟的蛋是他们的食物，甘露是他们的饮品。凡是他们想要的美味，都能在这里尝到。这里还有甘华、甘柤、白柳、视肉、三雅、璇瑰、瑶碧、白木、琅玕、白丹、青丹，多产银、铁。鸾凤自在地歌唱，凤鸟自在地舞蹈，这里有各种野兽，群居相处，所以被称作沃野。有三只青鸟，红色的头、黑色的眼睛，一只叫大鵹，一只叫少鵹，一只叫青鸟。有轩辕台，射箭的人都不敢向西射，因为畏惧轩辕台。

⑧ 大荒之中，有龙山，日月所入。有三泽水，名曰三淖，昆吾之所食也。有人衣青，以袂蔽面，名曰女丑之尸。

大荒之中，有龙山，是太阳和月亮落下的地方。有三个汇聚成的水池，名叫三淖，是昆吾觅食的地方。有个人穿着青色衣服，用袖子遮住脸，名叫女丑之尸。

9 有女子之国。

有个女子国。

10 有桃山。有蝱①山。有桂山。有于土山。有丈夫之国。有弇②州之山，五采之鸟仰天，名曰鸣鸟。爰有百乐歌儛之风。有轩辕之国。江山之南栖为吉，不寿者乃八百岁。

注译

①【蝱】：音萌。
②【弇】：音烟。

有桃山。有蝱山。有桂山。有于土山。有丈夫国。有弇州之山，五彩鸟正仰头向天，名叫鸣鸟。这里有各种乐曲歌舞的风行。有轩辕国。以住在江山之南为吉利，不长寿的人也活八百岁。

11 西海陼①中，有神，人面鸟身，珥两青蛇，践两赤蛇，名曰弇兹。

注译

①【陼】：同"渚"。水中的小块陆地。

在西海的岛上，有一个神，长着人的脸、鸟的身子，耳朵上穿戴着两条青蛇，脚踩着两条红蛇，名叫弇兹。

12 大荒之中，有山名曰日月山，天枢也。吴姖①天门，日月所入。有神，人面无臂，两足反属于头山，名曰嘘。颛顼生老童，老童生重及黎，帝令重献上天，令黎邛②下地。下地是生噎，处于西极，以行日月星辰之行次。

注译

①【姖】：音巨。
②【邛】：音穷，此处是压下之意，与"献"（上举）相对。

大荒之中，有座山名叫日月山，是天的枢纽。吴姖天门，是太阳和月亮落下的地方。有一个神，长着人的脸，没有手臂，两只脚反生头上，名叫嘘。颛顼生老童，老童生重和黎，颛顼帝命令重上举天，命令黎下压地。黎下压地后生了噎，住在西极，主管着太阳、月亮和星辰的运行。

⓭ 有人反臂，名曰天虞。有女子方浴月。帝俊妻常羲，生月十有二，此始浴之。有玄丹之山。有五色之鸟，人面有发。爰有青鸳①、黄鹜②、青鸟、黄鸟，其所集者其国亡。有池，名孟翼之攻颛顼之池。

注译

① 【鸳】：音文。
② 【鹜】：音敖。

有人反长着手臂，名叫天虞。有个女子正在替月亮洗澡。帝俊的妻子常羲，生了十二个月亮，在这里开始给它们洗澡。有玄丹之山。有一种五彩鸟，长着人的脸，有头发。这里有青鸳、黄鹜、青鸟、黄鸟，它们聚集在哪里哪个国家就会灭亡。有个水池，名叫孟翼之攻颛顼池。

⓮ 大荒之中，有山名曰鏖鏖钜①，日月所入者。有兽，左右有首，名曰屏蓬。有巫山者。有壑山者。有金门之山，有人名曰黄姖之尸。有比翼之鸟。有白鸟，青翼，黄尾，玄喙。有赤犬，名曰天犬，其所下者有兵。

注译

① 【鏖鏖钜】：鏖，音敖。鏖，音傲。钜，音巨。

大荒之中，有座山名叫鏖鏖钜，是太阳和月亮落入的地方。有一种野兽，左右两边各长一个头，名叫屏蓬。有巫山。有壑山。有金门之山，有人名叫黄姖之尸。有比翼鸟。有一种白鸟，长着青色的翅膀，黄色的尾巴，黑色的嘴。有一种红色的狗，名叫天犬，它下来的地方会发生战争。

⓯ 西海之南，流沙之滨，赤水之后，黑水之前，有大山，名曰昆仑之丘。有神，人面虎身，有文有尾，皆白。处之。其下有弱水之渊环之，其外有炎火之山，投物辄然。有人戴胜，虎齿，有豹尾，穴处，名曰西王母。此山万物尽有。

在西海之南，流沙的旁边，赤水的后面，黑水的前面，有一座大山，名叫昆仑之丘。有一个神，长着人的脸、老虎的身子，有花纹，有尾巴，都是白色的。住在这里。山下有弱水之渊环绕，外边有炎火之山，把东西扔进去就燃烧。有人戴着玉制首饰，长着老虎的牙齿，豹子的尾巴，住在洞穴中，名叫西王母。这座山上什么东西都有。

⓰ 大荒之中，有山名曰常阳之山，日月所入。

大荒之中，有座山名叫常阳之山，是太阳和月亮落下的地方。

⑰ 有寒荒之国。有二人女祭、女薎①。

注译

① 【薎】：音灭。

有个寒荒国。有两个人：女祭、女薎。

⑱ 有寿麻之国。

有寿麻国。

⑲ 南岳娶州山女，名曰女虔。女虔生季格，季格生寿麻。寿麻正立无景，疾呼无响。爰有大暑，不可以往。有人无首，操戈盾立，名曰夏耕之尸。故成汤伐夏桀于章山，克之，斩耕厥前。耕既立，无首，走厥咎，乃降于巫山。

南岳娶了州山女，名叫女虔。女虔生了季格，季格生了寿麻。寿麻站在太阳下面没有影子，疾力呼喊没有回响。这里非常炎热，人不可以前往。有人没了脑袋，手拿一把戈和一面盾牌立着，名叫夏耕之尸。从前成汤在章山讨伐夏桀，打败了夏桀，在他的面前斩杀了耕。耕站起来后，没了脑袋，畏罪而逃，于是逃到了巫山。

⑳ 有人名曰吴回，奇左，是无右臂。

有人名叫吴回，只有左臂，没有右臂。

㉑ 有盖山之国。有树，赤皮支干，青叶，名曰朱木。

有盖山国。有一种树，树皮、树枝、树干都是红的，叶子是青色的，名叫朱木。

㉒ 有一臂民。

有只长一条胳膊的人。

㉓ 大荒之中，有山名曰大荒之山，日月所入。有人焉三面，是颛顼之子，三面一臂，三面之人不死。是谓大荒之野。

大荒之中，有一座山名叫大荒之山，是太阳和月亮落下的地方。有人长着三张脸，是颛顼的后代，三张脸、一只胳膊，三面人不会死。这里就是大荒之野。

㉔ 西南海之外，赤水之南，流沙之西，有人珥两青蛇，乘两龙，名曰夏后开。开上三嫔于天，得《九辩》与《九歌》以下。此天穆之野，高二千仞，开焉得始歌《九招》。

在西南海之外，赤水的南岸，流沙的西边，有个人耳朵上穿戴着两条青蛇，驾着两条龙，名叫夏后启。夏后启曾三次到天帝那里做客，得到《九辩》和《九歌》而回到人间。这里就是天穆之野，高二千仞，在这里开始奏唱《九招》。

㉕ 有互人之国。炎帝之孙名曰灵恝①，灵恝生互人，是能上下于天②。有鱼偏枯，名曰鱼妇。颛顼死即复苏。风道北来，天乃大水泉，蛇乃化为鱼，是为鱼妇。颛顼死即复苏。

① 【恝】：音夹。
② 【能上下于天】：指能乘云雨往来天上地下。

有互人国。炎帝的孙子名叫灵恝，灵恝生互人，能乘云雨上天入地。有鱼的身体半边干枯，名叫鱼妇。颛顼死了又立即苏醒。风从北方吹来，天上涌出大水如泉，蛇于是化为鱼，这便是鱼妇。颛顼死了又立即苏醒。

㉖ 有青鸟，身黄，赤足，六首，名曰鸀①鸟。有大巫山。有金之山。西南，大荒之中隅，有偏句、常羊之山。

注译

① 【鸀】：音触。

有一种青鸟，身体是黄色的，红色的脚，六个头，名叫鸀鸟。有大巫山。有金之山。在西南面大荒中部的一个地方，有偏句之山、常羊之山。

按夏后开即启，避汉景帝讳云。①

注译

① 这一句并非《大荒西经》的原文，当是混入的后人注文，即对前文"夏后开"的注解。

按夏后开就是启，避汉景帝的名讳。

山海经注译卷十七

大荒北经

1 东北海之外，大荒之中，河水之间，附禺之山，帝颛顼与九嫔葬焉。爰有鸱久、文贝、离俞、鸾鸟、皇鸟、大物、小物①。有青鸟、琅鸟、玄鸟、黄鸟、虎、豹、熊、罴、黄蛇、视肉、璿瑰②、瑶碧，皆出卫于山③。丘方员三百里，丘南帝俊竹林在焉，大可为舟。竹南有赤泽水，名曰封渊。有三桑无枝。丘西有沈渊，颛顼所浴。

注译

① 【大物、小物】：指陪葬的大小器物。
② 【璿瑰】：即璇瑰。璿，璇的异体字。
③ 【卫于山】："卫"字衍。

东北海之外，大荒之中，河水流经的地方，有附禺之山，颛顼帝与他的九个妃嫔安葬在这里。这里有鸱久、文贝、离俞、鸾鸟、皇鸟、大物、小物。有青鸟、琅鸟、玄鸟、黄鸟、虎、豹、熊、罴、黄蛇、视肉、璿瑰、瑶碧，都出产于这座山。卫丘方圆三百里，丘的南面有帝俊的竹林，竹子大得可以做船。竹林的南面有红色的泽水，名叫封渊。有三棵没有树枝的桑树。丘的西面有沈渊，是颛顼沐浴的地方。

2 有胡不与之国，烈姓，黍食。

有个胡不与国，这里的人姓烈，以黍米为食物。

3 大荒之中，有山名曰不咸。有肃慎氏之国。有蜚蛭，四翼。有虫，兽首蛇身，名曰琴虫。有人名曰大人。有大人之国，厘姓，黍食。有大青蛇，黄头，食麈。有榆山。有鲧攻程州之山。

大荒之中，有座山名叫不咸。有肃慎氏国。有蜚蛭，长着四只翅膀。有一种虫，长着野兽的头，蛇的身子，名叫琴虫。有人名叫大人。有大人国，这里的人姓厘，以黍米为食物。有大青蛇，黄色的头，能吃麈。有榆山。有鲧攻程州之山。

4 大荒之中，有山名曰衡天。有先民之山。有槃①木千里。有叔歜②国，颛顼之子，黍食，使四鸟：虎、豹、熊、罴。有黑虫如熊状，名曰猎猎。有北齐之国，姜姓，使虎、豹、熊、罴。

注译

① 【槃】：音盘。

②【歇】: 音触。

大荒之中, 有座山名叫衡天。有先民之山。有绵延千里的樊木。有叔歇国, 是颛顼的后代, 以黍米为食物, 役使四种野兽: 虎、豹、熊、罴。有样子像熊的黑虫, 名叫猎猎。有北齐国, 这里的人姓姜, 役使虎、豹、熊、罴。

⑤ 大荒之中, 有山名曰先槛大逢之山, 河济所入, 海北注焉。其西有山, 名曰禹所积石。有阳山者。有顺山者, 顺水出焉。

大荒之中, 有座山名叫先槛大逢之山, 是河水和济水流入的地方, 海水从北面流注到这里。它的西边也有座山, 名叫禹所积石。有阳山。有顺山, 顺水从这里发源。

⑥ 有始州之国, 有丹山。

有始州国, 有丹山。

⑦ 有大泽方千里, 群鸟所解。有毛民之国, 依姓, 食黍, 使四鸟。禹生均国, 均国生役采, 役采生修鞈, 修鞈①杀绰人②。帝念之, 潜为之国, 是此毛民。

①【鞈】: 音隔。
②【绰人】: 人名。

有一个大泽方圆千里, 是各种鸟换毛的地方。有毛民国, 这里的人姓依, 以黍米为食物, 役使四种野兽。大禹生均国, 均国生役采, 役采生修鞈, 修鞈杀了绰人。天帝哀念他, 暗中为他建成了一个国, 就是这个毛民国。

⑧ 有儋耳之国, 任姓, 禺号子, 食谷北海之渚中。有神, 人面鸟身, 珥两青蛇, 践两赤蛇, 名曰禺彊。

有儋耳国, 这里的人姓任, 是禺号的后代, 在北海的岛屿上以谷米为食物。有神, 长着人的脸, 鸟的身体, 耳朵上穿戴着两条青蛇, 脚踩着两条红蛇, 名叫禺彊。

⑨ 大荒之中, 有山名曰北极天柜①, 海水北注焉。有神, 九首人面鸟身, 名曰九凤。又有神, 衔蛇操蛇, 其状虎首人身, 四蹄长肘, 名曰彊良。

注译

①【柜】: 音愧。

大荒之中，有座山名叫北极天柜，海水从北面注入这里。有神，长着九个头，人的脸，鸟的身体，名叫九凤。又有神，嘴里衔着蛇，手中握着蛇，他的外形是老虎的头，人的身子，四只蹄子，肘部很长，名叫疆良。

⑩ 大荒之中，有山名曰成都载天。有人珥两黄蛇，把两黄蛇，名曰夸父。后土生信，信生夸父。夸父不量力，欲追日景，逮之于禺谷。将饮河而不足也，将走大泽，未至，死于此。应龙已杀蚩尤，又杀夸父，乃去南方处之，故南方多雨。又有无肠之国，是任姓。无继子，食鱼。共工之臣名曰相繇，九首蛇身，自环，食于九土。其所歍所尼①，即为源泽，不辛乃苦，百兽莫能处。禹湮洪水，杀相繇，其血腥臭，不可生谷，其地多水，不可居也。禹湮之，三仞三沮，乃以为池，群帝因是以为台。在昆仑之北。有岳之山，寻竹生焉。

注译

①【所歍所尼】：歍，音乌，呕吐。尼，停止。

大荒之中，有座山名叫成都载天。有人耳朵上穿戴着两条黄蛇，手里握着两条黄蛇，名叫夸父。后土生信，信生夸父。夸父不自量力，想追赶太阳的光影，追到了禺谷。夸父想喝河水解渴，河水不够喝，准备去喝大泽的水，还未走到，便渴死在这里了。应龙杀了蚩尤以后，又杀了夸父，于是去南方居住，所以南方的雨水很多。又有无肠国，这里的人姓任。是无继的后代，以鱼为食物。共工有一位臣子名叫相繇，长了九个头，蛇的身子，盘旋自绕，在九处土地上索取食物。他吐出来的东西或是经过的地方，都变成大沼泽，而不是辛辣就是苦的，百兽都不能居住在这里。大禹堵塞洪水，杀死了相繇，它的血腥臭，使谷物不能生长，那个地方又多水涝，人不能居住。大禹用土填塞它，屡填屡塌，于是挖成了池子，诸帝用挖出的泥土建造高台。位于昆仑山的北面。有岳山，寻竹子长在这里。

⑪ 大荒之中，有山名不句，海水入焉。有系昆之山者，有共工之台，射者不敢北乡。有人衣青衣，名曰黄帝女魃①。蚩尤作兵伐黄帝，黄帝乃令应龙攻之冀州之野。应龙畜水，蚩尤请风伯雨师，纵大风雨。黄帝乃下天女曰魃，雨止，遂杀蚩尤。魃不得复上，所居不雨。叔均言之帝，后置之赤水之北。叔均乃为田祖②。魃时亡之，所欲逐之者，令曰："神北行！"先除水道，决通沟渎。

注译

①【魃】：音拔。

② 【田祖】：农神。

　　大荒之中，有座山名叫不句，海水流入到这里。有系昆之山，有共工台，射箭的人不敢朝北方射。有人穿着青衣，名叫黄帝女魃。蚩尤发兵攻打黄帝，黄帝便命令应龙到冀州之野去攻打蚩尤。应龙积蓄了很多水，蚩尤请来风伯和雨师，掀起了大风雨。黄帝请下名叫魃的天女，雨停了，于是杀死蚩尤。魃不能再回到天上，她住的地方没有雨水。叔均将此事禀报给黄帝，后来把女魃安置在赤水之北。叔均便做了田祖。女魃常常逃跑，要驱逐她，便命令说："神向北去！"事先清除水道，疏通沟渠。

⑫ 有人方食鱼，名曰深目民之国，肦姓，食鱼。有钟山者。有女子衣青衣，名曰赤水女子献。

　　有人正在吃鱼，名叫深目民国，这里的人姓肦，以鱼为食物。有钟山。有女子穿着青衣，名叫赤水女子献。

⑬ 大荒之中，有山名曰融父山，顺水入焉。有人名曰犬戎。黄帝生苗龙，苗龙生融吾，融吾生弄明，弄明生白犬，白犬有牝牡，是为犬戎，肉食。有赤兽，马状，无首，名曰戎宣王尸。

　　大荒之中，有座山名叫融父山，顺水流入这里。有人名叫犬戎。黄帝生苗龙，苗龙生融吾，融吾生弄明，弄明生白犬，白犬有公母，自相配偶，生成犬戎，以肉为食物。有一种红色的野兽，形状像马，没有脑袋，名叫戎宣王尸。

⑭ 有山名曰齐州之山、君山、鬵①山、鲜野山、鱼山。有人一目，当面中生。一曰是威姓，少昊之子，食黍。有继无民，继无民任姓，无骨子，食气、鱼。

注译

① 【鬵】：音勤。

　　有山名叫齐州之山、君山、鬵山、鲜野山、鱼山。有一种人长着一只眼睛，长在脸的中间。另一说他们姓威，是少昊的后代，以黍米为食物。有继无民，继无民姓任，是无骨的后代，以气和鱼为食物。

⑮ 西北海外，流沙之东，有国曰中𪓐①，颛顼之子，食黍。有国名曰赖丘。有犬戎国。有神，人面兽身，名曰犬戎。

注译

①【鞔】：音变。

西北海之外，流沙的东面，有国家叫中鞔，是颛顼的后代，以黍米为食物。有国家名叫赖丘。有犬戎国。有神，长着人的脸，兽的身体，名叫犬戎。

⑯ 西北海外，黑水之北，有人有翼，名曰苗民。颛顼生驩头，驩头生苗民，苗民厘姓，食肉。有山名曰章山。

西北海之外，黑水的北边，有人长着翅膀，名叫苗民。颛顼生驩头，驩头生苗民，苗民人姓厘，以肉为食物。有座山名叫章山。

⑰ 大荒之中，有衡石山、九阴山、洞①野之山，上有赤树，青叶，赤华，名曰若木。有牛黎之国。有人无骨，儋耳之子。

①【洞】：音窨。

大荒之中，有衡石山、九阴山、洞野山，山上有一种红色的树，青色的叶子，红色的花，名叫若木。有牛黎国。有人没有骨头，是儋耳的后代。

⑱ 西北海之外，赤水之北，有章尾山。有神，人面蛇身而赤，直目正乘①，其瞑乃晦，其视乃明，不食不寝不息，风雨是谒。是烛九阴，是谓烛龙。

①【正乘】：不详何意，故不译出。

西北海之外，赤水的北岸，有章尾山。有神，长着人的脸，蛇的身体，全身是红色的，竖着长的眼睛正乘，他闭上眼睛就是黑夜，睁开眼睛就是白昼，它不吃东西，不睡觉，不呼吸，能造出风雨。能照亮九阴之地，所以被称作烛龙。

山海经注译卷十八

海内经

1 东海之内，北海之隅，有国名曰朝鲜。天毒，其人水居，偎人爱之。

东海之内，北海的一个角落，有国家名叫朝鲜。天毒，这个国家的人傍水而居，对人慈爱。

2 西海之内，流沙之中，有国名曰壑市。

西海之内，流沙的中间，有个国家名叫壑市。

3 西海之内，流沙之西，有国名曰氾叶。

西海之内，流沙的西边，有个国家名叫氾叶。

4 流沙之西，有鸟山者，三水出焉。爰有黄金、璿瑰、丹货、银铁，皆流于此中。又有淮山，好水出焉。

流沙西边，有鸟山，三条水发源于这里。这里有黄金、璿瑰、丹货、银铁，全都产于这些水中。又有座淮山，好水从这里发源。

5 流沙之东，黑水之西，有朝云之国、司彘之国。黄帝妻雷祖生昌意。昌意降处若水，生韩流。韩流擢首①、谨耳②、人面、豕喙、麟身、渠股③、豚止④，取淖子曰阿女，生帝颛顼。

注译

① 【擢首】：长脖子。
② 【谨耳】：小耳朵。
③ 【渠股】：两脚合在一起，类似今天罗圈腿。
④ 【止】：脚。

流沙的东面，黑水的西岸，有朝云国、司彘国。黄帝的妻子雷祖生昌意。昌意自天上降到若水居住，生韩流。韩流长着长脖子、小耳朵、人的脸、猪的嘴、麒麟的身子、罗圈腿、猪的脚，娶淖子族人叫阿女的为妻，生下帝颛顼。

6 流沙之东，黑水之间，有山名不死之山。华山青水之东，有山名曰肇山。有人名曰柏高，柏高上下于此，至于天。

流沙的东面，黑水之间，有座山名叫不死之山。华山青水的东面，有座山名叫肇山。

有人名叫柏高，柏高在这里上下，到了天上。

❼ 西南黑水之间，有都广之野，后稷葬焉。爰有膏^①菽、膏稻、膏黍、膏稷，百谷自生，冬夏播琴^②。鸾鸟自歌，凤鸟自儛，灵寿^③实华，草木所聚。爰有百兽，相群爰处。此草也，冬夏不死。

注译

①【膏】：形容食物肥味好。
②【播琴】：播种繁殖。
③【灵寿】：木名。

西南方黑水之间，有都广之野，后稷安葬在这里。这里出产膏菽、膏稻、膏黍、膏稷，各种谷物在这里自然成长，冬夏都能播种。鸾鸟自在地歌唱，凤鸟自在地舞蹈，灵寿开花结果，草木汇集茂盛。这里有百兽，群居相处。这里的草，冬天和夏天都不会枯死。

❽ 南海之外，黑水青水之间，有木名曰若木，若水出焉。有禹中之国。有列襄之国。有灵山，有赤蛇在木上，名曰蝡^①蛇，木食。

注译

①【蝡】：音软。

在南海之外，黑水青水之间，有一种树名叫若木，若水从这里发源。有禺中国。有列襄国。有灵山，有一种红色的蛇攀附在山的树木上，叫作蝡蛇，以树木为食物。

❾ 有盐长之国。有人焉鸟首，名曰鸟氏。有九丘，以水络之，名曰陶唐之丘，有叔得之丘、孟盈之丘、昆吾之丘、黑白之丘、赤望之丘、参卫之丘、武夫之丘、神民之丘。有木，青叶紫茎，玄华黄实，名曰建木，百仞无枝，有九欘^①，下有九枸^②，其实如麻，其叶如芒。大皞爰过，黄帝所为。有窫窳，龙首，是食人。有青兽，人面，名曰猩猩。

注译

①【欘】：音逐。树枝弯曲。
②【枸】：树根盘根错节。

有盐长国。有人长着鸟的头，称作鸟氏。有九座山丘，被水环绕着，名叫陶唐丘，有叔得丘、孟盈丘、昆吾丘、黑白丘、赤望丘、参卫丘、武夫丘、神民丘。有一种树木，青色的叶子，紫色的树干，黑色的花，黄色的果，名叫建木，高达百仞却没有树枝，只在顶上有些蜿蜒曲折的枝条，树下有盘错的根，果实像麻，叶子像芒。大皞曾经过这里，黄帝栽种了建木。有窫窳，长着龙的头，能吃人。有青色的野兽，长着人的脸，名叫猩猩。

❿ 西南有巴国。大皞生咸鸟，咸鸟生乘厘，乘厘生后照，后照是始为巴人。有国名曰流黄辛氏，其域中方三百里，其出是尘土。有巴遂山，渑水出焉。又有朱卷之国。有黑蛇，青首，食象。

西南方有巴国。大皞生咸鸟，咸鸟生乘厘，乘厘生后照，后照是巴人的始祖。有个国家名叫流黄辛氏，它的疆域方圆三百里，出去都是尘土。有巴遂山，渑水从这里发源。又有朱卷国。有一种黑蛇，青色的头，能吃大象。

⓫ 南方有赣巨人，人面长臂，黑身有毛，反踵，见人笑亦笑，唇蔽其面，因即逃也。又有黑人，虎首鸟足，两手持蛇，方啗①之。

注译

①【啗】：音淡，啖的异体字。

南方有赣巨人，长着人的脸，手臂很长，黑色的身体，长着毛，脚跟反向长着，看见别人笑就跟着笑，嘴唇遮住他的脸，趁此逃跑。又有黑人，长着老虎的头，鸟的脚，两只手拿着蛇，正在吃它。

⓬ 有嬴民，鸟足。有封豕。有人曰苗民。有神焉，人首蛇身，长如辕，左右有首，衣紫衣，冠旃①冠，名曰延维，人主得而飨食之，伯②天下。有鸾鸟自歌，凤鸟自舞。凤鸟首文曰"德"，翼文曰"顺"，膺文曰"仁"，背文曰"义"，见则天下和。又有青兽如菟，名曰䍙狗。有翠鸟。有孔鸟。

注译

①【旃】：音占。此处是红色的意思。
②【伯】：通"霸"，称霸。

有嬴民，长着鸟爪。有封豕。有一种人叫苗民。有神，长着人的头，蛇的身子，长如车辕，左右两边各长着一个头，穿着紫色的衣服，戴着红色的冠，名叫延维，人主得到它后祭祀奉飨，便可以称霸天下。有鸾鸟自在地歌唱，有凤鸟自在地舞蹈。凤鸟头上的花纹是"德"字，翅膀上的花纹是"顺"字，胸上的花纹是"仁"字，背上的花纹是"义"

字，它一出现就会天下和平。又有一种青色野兽像兔子，名叫㓟狗。有翠鸟。有孔鸟。

⑬ 南海之内，有衡山，有菌山，有桂山。有山名三天子之都。

南海之内，有衡山，有菌山，有桂山。有座山叫作三天子之都。

⑭ 南方苍梧之丘，苍梧之渊，其中有九嶷山，舜之所葬。在长沙零陵界中。北海之内，有蛇山者，蛇水出焉，东入于海。有五采之鸟，飞蔽一乡，名曰翳鸟。又有不距之山，巧倕葬其西。

南方的苍梧之丘，苍梧之渊，两者中间有座九嶷山，是舜帝安葬的地方。位于长沙零陵境内。北海之内，有座蛇山，蛇水从这里发源，向东流入海。有五彩鸟，成群飞起能遮蔽一个乡的上空，名叫翳鸟。又有座不距之山，巧倕安葬在它的西面。

⑮ 北海之内，有反缚盗械、带戈常倍之佐，名曰相顾之尸。伯夷父生西岳，西岳生先龙，先龙是始生氐、羌，氐、羌乞姓。

北海之内，有反绑着戴刑具、带着戈而图谋不轨的人，名叫相顾尸。伯夷父生西岳，西岳生先龙，先龙是氐、羌的祖先，氐、羌人姓乞。

⑯ 北海之内，有山，名曰幽都之山，黑水出焉。其上有玄鸟、玄蛇、玄豹、玄虎、玄狐蓬尾。

北海之内，有座山，名叫幽都之山，黑水从这里发源。山上有黑鸟、黑蛇、黑豹、黑虎、蓬松尾巴的玄狐。

⑰ 有大玄之山。有玄丘之民。有大幽之国。有赤胫之民。

有大玄山。有玄丘民。有大幽国。有赤胫民。

⑱ 有钉灵之国，其民从膝以下有毛，马蹄，善走。

有个钉灵国，这里的人从膝盖以下的腿上都长有毛，长着马蹄，善于奔跑。

⑲ 炎帝之孙伯陵，伯陵同吴权之妻阿女缘妇，缘妇孕三年，是生鼓、延、殳①。始为侯②，鼓、延是始为钟，为乐风。

注译

① 【殳】：音书。
② 【侯】：箭靶。

炎帝的孙子叫伯陵，伯陵与吴权之妻阿女缘妇私通，缘妇怀孕三年，生下鼓、延、殳。殳发明了箭靶，鼓、延二人发明了钟，开始创作乐曲。

⑳ 黄帝生骆明，骆明生白马，白马是为鲧。帝俊生禺号，禺号生淫梁，淫梁生番禺，是始为舟。番禺生奚仲，奚仲生吉光，吉光是始以木为车。少皞生般，般是始为弓矢。帝俊赐羿彤弓素矰①，以扶下国，羿是始去恤下地之百艰。帝俊生晏龙，晏龙是为琴瑟。帝俊有子八人，是始为歌舞。帝俊生三身，三身生义均，义均是始②为巧倕，是始作下民百巧。后稷是播百谷。稷之孙曰叔均，始作牛耕。大比赤阴③，是始为国。禹、鲧是始布土，均定九州。炎帝之妻，赤水之子听訞④生炎居，炎居生节并，节并生戏器，戏器生祝融。祝融降处于江水，生共工。共工生术器，术器首方颠，是复土穰，以处江水。共工生后土，后土生噎鸣，噎鸣生岁十有二。洪水滔天。鲧窃帝之息壤以堙洪水，不待帝命。帝令祝融杀鲧于羽郊。鲧复生禹。帝乃命禹卒布土，以定九州。

注译

① 【矰】：音曾，古代的一种系着丝线的箭。
② 【始】："始"字疑衍。
③ 【大比赤阴】：意义不明，故不译出。
④ 【訞】：音妖。

黄帝生骆明，骆明生白马，白马就是鲧。帝俊生禺号，禺号生淫梁，淫梁生番禺，发明了船。番禺生奚仲，奚仲生吉光，吉光开始用木头做车。少皞生般，般最早发明了弓箭。帝俊赏赐给后羿红色的弓和白色矰箭，用他的射箭技艺去扶助下界各国，后羿便开始去解决下界世间人们的各种困苦。帝俊生晏龙，晏龙最早发明了琴和瑟。帝俊有八个儿子，他们最早开始创作歌舞。帝俊生三身，三身生义均，义均就是巧倕，从此发明了下界的各种工艺。后稷播种百谷。后稷的孙子叫叔均，最早发明了牛耕。大比赤阴，开始建立国家。禹和鲧开始挖掘泥土治理洪水，划定九州。帝的妻子，赤水子听訞生炎居，炎居生节并，节并生戏器，戏器生祝融。祝融降临到江水居住，生共工。共工生术器。术器的头平顶，他恢复了祝融的土地，又住在江水。共工生后土，后土生噎鸣，噎鸣生了十二岁。洪水滔天。鲧偷拿天帝的息壤用来堵塞洪水，没有得到天帝的命令。天帝令祝融把鲧杀死在羽郊。鲧又生出禹。天帝就命令禹完成治理洪水的工程，并划定九州。

本图选自《山海经全本精
绘》（王红旗著，孙晓琴绘）。